중간층이 승부를 가른다

중간층이 승부를 가른다

제1판 제1쇄 발행일 2015년 4월 25일

글 | 고성국, 지승호

기획 | 손석춘, 지승호, 책도둑(박정훈, 박정식, 김민호)

디자인 | 이안디자인

펴낸이 | 김은지

펴낸곳 | 철수와영희

등록번호 | 제319-2005-42호

주소 | 서울시 마포구 월드컵로 65, 302호(망원동, 양경회관)

전화 | (02)332-0815

팩스 | (02)6091-0815

전자우편 | chulsu815@hanmail.net

ⓒ 고성국, 지승호 2015

ISBN 978-89-93463-75-0 03340

철수와영희 출판사는 '어린이' 철수와 영희, '어른' 철수와 영희에게 도움 되는
책을 펴내기 위해 노력하고 있습니다.

중간층이 승부를 가른다

2017 대선, 박원순 vs 반기문

고성국과 지승호의 대자보

정치에 관심을 갖는 사람들의 정치적 상상력을 위해

이 책은 새로운 경험이었습니다. 저는 그동안 정치평론가로서 많은 사람들을 인터뷰해왔지만 제가 인터뷰에 응해 답변을 한 것은 이번이 처음이었습니다. 이번 인터뷰를 통해 저는 정치평론가로서의 제 인생을 되돌아보게 되었습니다. 쉽지 않은 길이었지만 열심히 해왔고 나름대로 치열하게 살아왔다고 생각합니다. 그러나 좀 더 치열했었더라면, 좀 더 정확했었더라면 하는 아쉬움이 많습니다.

저는 정년이 따로 없는 프리랜서 정치평론가입니다. 저는 여건이 허락할 때까지 이 일을 계속할 것입니다. 이번 인터뷰가 저의 지난 정치평론 활동을 되돌아보고 더욱 힘 있게 정치평론을 해나가는 계기가 되었으면 합니다.

달을 가리키는데 손가락을 가지고 논란을 벌이는 어리석은 사람들이 많습니다. 그런데 정치평론의 세계에도 그런 일들이 많습니다. 우리 사회가 나아가야 할 방향, 선거에서 이기는 전략을 객관적으로 평론하는데, "어느 진영에 속해 있나? 누구 편이냐?"라고 묻는 소아병적 행태가 만연해 있습니다. 이번 인터뷰는 이와 같은 소아병적 정치평론의 행태를 넘어서기 위한 작은 도전이자 행동입니다.

정치는 국민을 행복하게 하는 겁니다. 보수도 진보도 여도 야도 국민을 행복하게 하지 못한다면 아무 의미가 없습니다. 정치평론 또한 '국민을 행복하게 하는 정치'를 위한 평론이어야 합니다.

정치평론가는 정치평론을 무겁게 생각해야 합니다. 정치평론이야말로 정치가 진정으로 국민을 행복하게 하고 있는가를 판별해주는 준거점이 되어야 하기 때문입니다. 평론가 스스로 자신에게 가장 엄격해야 하는 이유입니다.

저는 지난 2012년 대선 때와 같이 이번 인터뷰에서도 2017년 대선을 구체적으로 예측했습니다. 아직 2년 반도 넘게 남은 선거이기 때문에 향후 어느 시점에선가 오늘의 예측을 바꿔야 할지도 모릅니다. 그때는 왜 생각이 바뀌었는지, 또 어떻게 바뀌었는지를 정직하게 고백하겠습니다. 그전까지는 이 인터뷰에서 밝힌 저의 예측과 주장을 정교화하기 위해서 치열하게 노력할 것입니다.

이 인터뷰집이 2017년 대선에 관심을 갖는 모든 사람들의 정치적 상상력을 키우는 데 도움이 되었으면 좋겠습니다.

고성국 드림

다시 정치를 위하여

정치평론가 고성국 박사와 2017년 대선과 관련된 이야기를 나눠보았습니다. 고성국 박사는 그동안 수많은 선거 결과를 정확히 예측한 바 있습니다. 지난 2010년 지방선거 때는 대다수 전문가들이 천안함 정국으로 인해 이명박 정권에 유리하게 전개되리라고 예상했지만, 고성국 박사는 야권의 승리를 점쳤습니다. 또한 2012년 총선에서도 새누리당이 압승할 것이라고 내다보았고 이어진 대선에서도 박근혜 후보가 승리할 가능성이 높다는 전망을 내놓으면서 양측 지지자 모두에게 미움(?)을 받은 전력이 있습니다.

고성국 박사는 '선거는 결국 사람이 하는 것'이기에 '선거는 곧 후보'라는 점을 강조합니다. 그리고 선거에 임하는 사람들에게 "진정 이기고 싶은가?"라고 반문합니다. 진정으로 승리하고 싶다면 냉정한 분석과 그에 걸맞은 행보가 필요하다는 것이지요.

이 인터뷰는 정치와 선거에 대한 내용을 담고 있습니다. 지난 주요 선거의 양상을 복기하는 한편, 현 정권이 성공하려면 어떻게 해야 하는지, 2017년 대선의 어젠다는 무엇이 될 것인지에 대한 생각들을 솔직하게 털어놓았습니다. 또한 정치가 우리에게 가지는 의미, 주요 정치인들에 대한 평가에서부터 정치평론가가 갖추어야 할 자질, 정확한 평론을 위한 정세분석 방법 등에 이르기까지 폭넓은 대화를 나누었습니다.

조너선 하이트의 『바른 마음』(2014년)이라는 책을 보면 아이들에게 이런 실험을 하는 장면이 나옵니다. 같은 컵에 똑같은 양의 물을 넣고, 어떤 컵에 있는 물의 양이 더 많으냐고 물으면 아이들은 똑같다고 대답합니다. 그런데 같은 양의 물을 목이 좁고 긴 병에 담아서 보여주면 그쪽 물이 더 많다고 한다네요. 보이는 물의 높이가 다르니 그럴 수 있습니다. 아이들에게 사실은 같은 양이라고 아무리 설명해도 못 알아듣는다고 합니다. 결국 그 물을 가지고 놀거나 실험을 하면서 '아, 이게 사실은 양이 같구나.' 하고 깨닫는다고 해요.

민주주의도 그런 게 아닌가 싶습니다. '민주주의란 이런 것이다!' 하고 설명하는 것보다는 국민 스스로 민주주의를 가지고 놀아보고, 민주주의의 효용을 느낄 때 '민주주의란 이런 것이구나!' 하고 체감할 수 있는 게 아닌가 합니다. 그랬을 때 우리의 민주주의도 한 단계 성장할 수 있다는 생각이 듭니다.

정치인과 연예인은 하는 일은 다르지만 지지가 필요하다는 점에서는 같습니다. 그런데 이러한 '팬심'이야말로 마약과 같습니다. 적정량이면 고통도 잊게 해주고 병도 치유할 수 있지만, 지나치면 중독이 되고 결국 폐인이 되어버리지요. 지지자의 열광 속에서 길을 잃는 정치 지도자가 생기는 이유입니다. 정치인이든 연예인이든 당장의 인기에 영합하지 않고 바른 길을 가도록 스스로 컨트롤할 수 있는 능력이 필요합니다.

고성국 박사와 인터뷰를 하면서 "민주주의를 싫어하는 사람들조차 민주주의를 직접 공격하진 못한다. 대신 그들은 정치와 정당, 정치가를 욕하고 비난함으로써 민주주의의 위력을 무력화시키고자 한다"는 최장집 교수의 말이 생각났습니다. 마찬가지로 표현의 자유를 싫어하는 사람들조차 표현의 자유를 직접 공격하지 않고, 그들의 마음에 안 드는 언론, 언론인 또는 지식인을 욕하고 비난함으로써 표현의 자유를 무력화시키고자 하겠죠.

"민주주의의 모든 병폐는 민주주의가 더 많아짐으로써 치유될 수 있다"는 알프레드 E. 스미스의 말처럼 우리에게는 더 많은 민주주의와 더 많은 표현의 자유가 필요합니다. 다만 그만큼 상대방을 배려하는 마음과 자신의 말에 책임을 지는 자세도 필요하겠죠.

고성국 박사는 제가 만난 어떤 인터뷰이보다 인터뷰하기가 어려웠습니다. 그런데 쭉 대화를 나누고 보니 그것이 치열한 프로 근성에서 나온 태도라는 생각이 들었습니다. 정치평론가로서의 태도와 책임감에 대해 배울 수 있는 귀중한 시간이었습니다. 이 자리를 빌려 감사의 말씀 드립니다.

지승호 드림

1부
기울어진 운동장

2014년 지방선거와 재보선

지승호: 2014년 6·4 지방선거에서 세월호 참사에도 불구하고 박빙의 결과가 나왔고, 7·30 재보선에서 야당인 새정치민주연합(이하 '새정치연합')이 참패했는데요.[1] 어떻게 생각하십니까?[2]

1) 2014년 6월 4일 지방의회의원과 지방자치단체장, 교육감 등을 뽑는 선거가 전국적으로 실시된다. 역대 2번째로 높은 56.8%의 투표율을 기록한 이 선거에서 광역단체장 17곳 중 새누리당이 경기도지사, 인천광역시장을 비롯하여 8군데, 새정치연합이 서울시장 등 9군데에서 승리한다. 기초단체장은 총 226곳 중 새누리당이 117곳, 새정치연합이 80곳 무소속이 29곳을 차지한다. 광역자치의원(새누리당 416, 새정치 349) 및 기초자치의원(새누리당 1413, 새정치 1157)에서 새누리당이 우세를 보인 반면, 교육감선거에서는 17곳 중 13곳에서 진보성향 교육감이 당선된다. 한 달 뒤인 7월 30일 전국 15개 지역구에서 치러진 국회의원 재보궐 선거에서는 새누리당이 11곳을 차지하면서 압승을 거둔다. 새정치민주연합은 선거 참패의 책임을 지고 김한길·안철수 공동대표가 사임하였으며 수원병 선거에서 낙선한 손학규 상임고문은 은퇴를 선언한다.

2) 이 인터뷰는 2014년 11월 10일 이루어졌으며 당시 인터뷰 내용을 전혀 수정하지 않았다. 책 출간까지 5개월의 기간이 흘렀기에 정치 상황이 많이 변했다. 그래서 당시 인터뷰에 담긴 내용이 현재 시점에서 어떻게 현실화되었는지 살펴보는 것도 이 책을 읽는 묘미다.

고성국: 우리나라 보수정당은 고정 지지층이라는 게 있습니다. 소위 "기울어진 운동장"이라고 하죠. 야당으로선 억울하겠지만, 우리 정치환경이 그렇습니다. 그러니까 평균을 하면 진다는 겁니다. 늘 평균 이상이어야 해요. 그래야 간신히 비기거나 이길 수 있습니다. 진보의 운명이라 할까요, 우리나라에서 진보정치를 한다는 건 그런 핸디캡을 감수하고 시작하는 거예요. 그래도 희망이 있는 것이, 우리 선거가 구도 싸움이기는 하지만 결국은 사람 싸움이라는 점입니다. 예컨대 2014년 7·30 재보선 때 동작을에서 나경원이 당선되었지만 노회찬은 박빙의 승부를 벌였잖아요. 새누리당과 정의당은 지지율이 거의 10배 차이가 나지만 선거 결과는 어때요. 1000표 차이가 안 났습니다. 당 대 당으로 보면 게임이 안 되는 싸움이지만, 노회찬이라는

후보였기에 그만큼 표가 나온 겁니다. 제대로 된 후보감만 있으면 해볼 만한 싸움인 거예요. 반대로 후보감이 없으면 아무리 유리한 정치 상황이라 하더라도 질 수밖에 없는 게 우리 선거입니다. 정치풍토가 그래요. 국회의원 선거나 지방자치단체 선거라는 게 지역 대표를 뽑는 것이지만, 소속 당의 대표 혹은 대권주자가 누구냐에 따라 판세가 왔다 갔다 해요. 제대로 된 대통령감이 없는 정당은 국민들이 관심을 보이지 않습니다. 그쪽은 집권 가능성이 없다고 보는 거예요. 사표 방지 심리(당선 가능한 후보를 찍으려는 경향)가 발동합니다. 표를 안 줘요. 반면에 후보가 변변치 않아도 그가 속해 있는 정당의 대권주자가 유력하다, 그러면 찍어줍니다.

지승호: 선거 패배 이후 새정치연합은 비상대책위원회를 구성하고 나름대로 수습 노력을 기울였습니다만, 제대로 안 된 것 같습니다. 특히 박영선 비대위원장이 이상돈 교수를 영입하려다가 당내 반발로 무산되면서 결국 사퇴하지 않았습니까.[3]

3) 재보선 패배 후 비상대책위원장을 맡은 박영선 원내대표가 안경환 전 인권위원장과 이상돈 중앙대 명예교수를 공동 비대위원장으로 영입하려다 당내 반발에 부딪히면서 무산된 일을 말한다.

고성국: 기획 자체가 난센스였다고 생각해요. 비대위원장이나 당 대표는 다른 당직하고는 달라요. 당 정체성의 상징이자 깃발이에요. 그런데 이걸 흔들어버린 겁니다. 실질적으로 당 대표나 다름없는 자리를 외부 인사에게 내준다는 건 상식적으로 있을 수 없는 일이거든요. 아무리 비상시라 해도 어쨌거나 당의 중심은 잡고 있어야 합니다.

이를테면 2011년 10·26 재보궐 선거에서 패배한 한나라당이 박근혜를 중심으로 비대위원회를 꾸립니다. 이때 박근혜가 김종인 같은 사람을 영입하지요. 이분이 진보는 아니지만, 상당히 개혁적이고, 야당에도 몸을 담았던 사람이잖아요. 그럼에도 정책쇄신분과위원장이라는 중요한 자리를 맡겨요. 그러면서 '경제민주화'라는 이슈를 선점합니다. 이 경우는 박근혜가 비대위원장이라는 깃발을 들고 있었기 때문에 문제가 안 돼요. 1992년 대선을 앞두고 김대중이 김종필과 손을 잡았습니다. 이른바 'DJP연합'이죠. 그런데 중심은 김대중이었기 때문에 야권 지지자들이 문제를 안 삼았잖아요. 오히려 충청 표가 확장되어 정권을 잡는 결정적인 계기가 됩니다. 그런데 거꾸로 김종필이 중심이 된 연합이었으면 야권 지지자들이 이걸 인정했겠어요?

이상돈은 여당에서 주요 당직을 맡았던 사람입니다. 그런 인사를 비대위원장으로 영입하려 했다는 건 정당정치의 기본을 모르는 행위예요. 제안한 사람이나 제안을 수락한 사람이나 자기 정체성을 부정한 겁니다. 물론 이분이 나중에 박근혜 비판을 많이 하죠. 정권을 잡자 변했다, 그래서 실망이 너무 크다, 더 이상 보수 정권에 맡겨서는 안 되겠다…. 하지만 그렇다고 해서 그 사람의 정체성이 바뀌는건 아니잖아요. 비대위 본연의 역할에 충실했어야 해요. 비대위라는건 위기를 돌파하기 위한 임시 지도부입니다. 당시 전당대회가 예정되어 있었기 때문에 그전까지 당내 권력관계를 잘 관리해서 새로운지도부가 구성되기까지 잡음을 최소화하는 게 임무였어요. 이걸 먼저 해놨으면 당이 그처럼 심하게 흔들리지는 않았을 거예요.

또 하나, 당시 비대위에 각 정파를 대표하는 사람들이 참여해야 했음에도 손학규계와 안철수계가 빠졌습니다. 분란의 소지가 있었던거예요. 선거 책임을 물어야 했다고 설명하지만, 그건 핑계에 불과합니다. 위기상황이다 보니 일단 비대위를 꾸리긴 했는데 구심점도 없고 방향성도 정립이 안 되어 있었던 거예요. 그런 상황에서 진짜 해야 할 일 대신 엉뚱하게 당의 정체성을 흔드는 일을 한 겁니다.

'강력한 후보'가 제1의 승리요건

지승호: 앞으로 새정치연합이 집권을 하려면 어떤 준비가 필요하다고 생각하십니까?

고성국: 후보감을 잘 발굴하는 것이 핵심입니다. 정당이라는 게 선거를 통한 집권을 목적으로 하는 조직이잖아요. 선거라는 게 뭡니까, 정당끼리 후보를 내놓고 경쟁하는 거거든요. 국민들이 볼 때 저 사람 대통령감이다, 저 사람한테 나라를 맡기면 되겠다, 저 사람과 그 주변 인물 정도면 나라를 맡겨도 되겠다고 생각하면 그 정당은 집권할 수 있습니다. 당이 다소 허약해도 후보만 제대로 되어 있으면 이기는 게 우리 선거예요. 예전에 한나라당 지지율이 형편없을 때 박근혜가 등장했지요. 당을 뜯어고칩니다. 정책과 인물은 물론 당 이름까지 새누리로 바꾼 거잖아요. 박근혜라는 강력한 대통령 후보감이 있었기에 가능했던 겁니다.

지금 야당인 새정치연합도 마찬가지예요. 강력한 후보감이 등장한다면 차기 대통령 선거에서 이기고 정권을 가져올 수 있습니다. 지금 야당에는 박원순, 안철수, 문재인 같은 인물들이 포진해 있습니다. 대중적인 인지도나 국민적 기대를 따져 보았을 때 의미 있는 후보들이에요. 당 차원에서 잘 관리해서 막강한 후보로 키워내는 것이 중요합니다.

지승호: 선거에서 제일 중요한 게 후보라는 점을 강조하시는데요. 야권은 시스템이나 구도 강박증이 있어서 사람을 키우는 것을 등한시하는 것 같은데, 어떻게 보십니까?

고성국: 사람을 키운다는 표현에 어폐가 있습니다. 지금의 야권에서 이른바 킹메이커 역할을 할 만한 사람이 없잖아요. 그래서 각자 크는

중입니다. 다만 천정배, 정동영, 정세균, 박지원, 문희상, 김한길, 이해
찬 이런 사람들이 정치적 연륜이 있기 때문에 일정 부분 역할을 할
수 있지 않나 생각합니다. 킹메이커가 되려면 마음을 비워야겠죠. 말
그대로 백의종군할 수 있는 자세, 자신보다 당을 먼저 생각하는 자
세가 필요합니다.

지승호 : 당내 역학관계 때문에 그들의 소신 있는 행보가 어려울 수
도 있지 않을까요.

고성국 : 문제는 자기 자신입니다. 나의 승리가 아니라 야권의 승리,
나의 승리가 아니라 박원순, 안철수, 문재인의 승리를 위해 발 벗고
나서겠다. 이러면 할 수 있는 일이 굉장히 많아요. 당내 파벌이 있다
고 해도 당원이 원하고 국민이 원하는데 어쩌겠어요. 지금 야권 지지
자들은 자기 욕심을 내려놓고 야권의 승리를 위해 헌신하는 그런 사
람을 애타게 기다리고 있습니다. 마음먹기 따라서 엄청난 일을 할 수
있는 환경이 조성되어 있다는 겁니다.

지승호 : 지금 새정치연합의 위기가 계파 간 갈등에 있다고 분석하는
분들이 많은데요. 그럼에도 마음을 비우고 나서는 사람이 있다면 이
를 극복할 수 있다고 보시는 건가요?

고성국 : 저는 그렇다고 봅니다. 연이은 선거 패배로 사람들 분위기가
야당 참 답답하다는 거잖아요. 희망도 없고 비전도 없고. 이래서야
다음 선거를 기대할 수 있겠느냐는 자조 섞인 탄식이 나오는 것도 무
리가 아닙니다. 그런데 인적자원만 놓고 보면 새누리당보다 새정치
연합 쪽이 훌륭해요. 그런데 왜 이 모양이냐? 저는 그게 마음을 제대
로 비우지 못해서라고 보는 거예요. 내가 지금 당장 금배지를 달아야
하고, 당권도 잡아야 하고, 대선주자도 되어야 하고, 이런 식으로 하
다 보면 길이 없는 거예요. 손해를 보더라도 당을 위해서, 국민을 위

해서 헌신하는 사람이 있어야 합니다.

지승호: 지금 야당의 상황에서 마음을 비우고 헌신하는 사람이 있다면 다음 선거는 유리할 거로 판단하시는 건가요?

고성국: 우리나라 선거는 무엇보다 후보가 중요하다고 말씀을 드렸습니다. 그런 의미에서 새정치연합에는 박원순, 안철수, 문재인 같은 강력한 주자들이 있습니다. 그럼에도 이분들이 대세다, 이렇게 말씀을 못 드리는 게 이들을 띄우기 위해 살신성인하겠다는 사람이 안 보인다는 거예요. 그럴 능력을 갖춘 분들은 많아요. 그러니까 이런 분들이 마음을 비우느냐 마느냐가 선거 때 굉장히 중요하다는 겁니다.

지난 선거 때 박근혜라는 강력한 후보와 문재인이 맞붙었습니다. 그때 박근혜는 혼자 다 했죠. 그만큼 지지층이 막강했기 때문에 굳이 메이커가 없어도 됐습니다. 당시 야당 쪽에서는 이해찬이 메이커로 나섰지만 친노 패권주의를 둘러싼 논란이 불거집니다. 마음을 비운다는 얘기는 그럴 때, 대통령 후보에게 타격이 간다 싶으면 내가 마음을 비우겠다, 내가 자리를 양보하겠다, 이런 자세가 필요하다는 거예요. 그런 마음이 사람을 움직이는 거잖아요. 꼭 내가 아니어도 된다, 당신을 위해 내가 희생하겠다.

지승호: 선거라는 것이 상대적인 게임이라 여권에서 누가 나오느냐에 따라서 판도가 달라질 수 있지 않을까요?

고성국: 선거 전략을 달리할 수는 있겠지요. 저는 기본적인 태도에 대해 말씀드리는 겁니다. 예컨대 지난 대선에서 문재인과 안철수가 단일화를 두고 막바지까지 진통을 겪었잖아요. 이걸 두고 박근혜 쪽에서 상대에 따라 전략을 바꾸거나 하지 않았거든요. 상대가 누가 되든 나는 이 길로 간다, 이런 마인드가 중요한 겁니다. 새누리당에서 누가 나오든 우리는 이긴다고 하는 필승 전략이 있어야죠. 2002

년 대선에서 노무현이 그랬던 것처럼 말입니다. 당시 호남 지역에 기반을 둔 영남 후보라면 상대가 누구든 이길 수 있다고 생각했잖아요. 1997년에 김대중은 호남과 충청이 손잡으면 상대가 누구라도 이길 수 있다, 해볼 만하다고 본 거고요. 그 예상은 적중했습니다. 박근혜로서는 단일화 여부를 떠나서 경제민주화와 복지 같은 이슈로 중도층을 공략하고 자기 방식을 밀어붙였기 때문에 이긴 거예요. 안철수, 문재인 쪽은 단일화 시너지를 얻지 못하고 패배했습니다. 만약 그때 박근혜 쪽이 상대 눈치를 보면서 노심초사했다면 결과는 달랐을지도 모릅니다. 말씀하신 대로 선거라고 하는 것이 상대가 있는 게임이지만, 승리는 상대에 따라 이루어지는 게 아닙니다. 흔히들 상대가 실수하면 이긴다고 하지만, 그렇지 않아요. 자기 실력이 관건입니다. 어떤 경우에도 이길 수 있는 필승 전략과 필승 후보를 갖추고 있을 때 이기는 거예요. 상대가 실수를 하면 쉽게 이기고 상대가 계속 치고 올라오면 어렵게 이기는 차이가 있을 뿐입니다.

지승호: 필승 전략과 필승 후보를 빨리 갖추는 것이 급선무겠군요.

고성국: 남은 시간 동안 그 두 가지를 준비해야 해요. 51%를 득표할 수 있는 전략, 제대로 된 후보만 있으면 어떠한 경우에도 이겨요. 상대가 누구든 상관없습니다. 새정치연합이 지금 해야 할 일이 바로 그것이에요. 어떻게 51%를 얻을 것이냐, 그러려면 중간층의 표를 흡수해야 합니다. 지금 새정치연합의 고정표, 예컨대 후보가 누가 되든, 날씨가 어떻든, 투표장에 가서 찍을 사람들이 어느 정도일까요. 보수적으로 잡으면 전체 유권자의 20%, 넓게 잡으면 40%라고 할 수 있겠는데요. 이것 가지고는 이길 수 없다는 겁니다. 여전히 11%가 부족한 거예요. 어디서든 끌어와야 합니다. 당연히 중간층을 공략해야 하는 거예요. 새정치연합의 필승 전략은 중간층 공략입니다. 이걸 해내지 못하면 절대 이길 수 없죠.

지승호: 중간층의 표심을 얻으려면 어떻게 해야 할까요?

고성국: 반대로 제가 한번 물어보죠. 우리나라 선거에서 중간층의 지지를 얻으려면 어떻게 해야 한다고 보십니까?

지승호: 원론적이지만, 겸손하게 접근해야 하지 않을까요? 현장도 많이 방문해야 할 것 같고요.

고성국: 그런 마음가짐도 중요하겠지만, 근본적으로는 당의 정체성을 중도에 맞춰야 해요. 예컨대 김대중은 정권을 잡기까지 40여 년을 절치부심했습니다. 야권 지도자로서 그 분만큼 노력한 사람이 없어요. 세 번의 대통령 선거에서 패하고 정계은퇴까지 했다가 돌아와서[4] 마지막으로 내건 슬로건이 뭐냐, 바로 "중산층과 서민을 위한 정당"입니다. 그리고 대통령이 되지요. 지금 중산층을 대변하는 정당이 없는데, 새정치연합이 그들을 대변하겠다고 선언하고 이걸 행동으로 보여줄 때 신뢰가 생기는 거죠. 이벤트 몇 번으로는

4) 김대중은 1992년 대통령선거에서 김영삼 당시 민자당 후보에게 패한 후 정계은퇴를 선언한다. 1971년, 1987년 대통령선거 이후 세 번째 패배였다. 이후 1년간 영국에서 생활하다가 귀국하여 아태재단을 만든다. 1995년 정계복귀를 선언하면서 동교동계와 함께 새정치국민회의를 창당한 김대중은 2년 뒤 이회창 한나라당 후보를 누르고 1997년 12월 제15대 대통령으로 당선된다.

어렵고요. 그건 새누리당이 더 잘하죠. 당 색깔까지 확 바꾸잖아요. 당의 강령을 다시 써야 합니다. 중산층과 서민을 아우르는 정당, 마음 둘 곳 없는 부동층을 위한 정당, 이들을 위해서 뛰겠다고 선언해야 하는 겁니다. 물론 여기에 반발하는 지지층도 있겠죠. 좀 더 왼쪽으로 가야 하는 것 아니냐, 선명성을 더해야 하는 것 아니냐 하는 비판은 지금도 있으니까요. 하지만 그런 사람들에게는 그것이 집권을 위해 불가피한 전략이라는 점을 설명하고 이탈하지 않도록 최대한 설득해야 해요. 진정성을 보이면 될 거로 생각합니다. 우리가 집권하려면 중간층의 지지가 필수적이다. 이걸 얻으려면 중간층 정당을 선

언해야 한다. 믿고 지지해달라. 이랬을 때 지지를 철회하고 떠날 사람이 몇이나 되겠어요. 집권을 바라는 새정치연합 지지자들로서는 이걸 이해하고 받아들일 거로 봅니다.

지승호: 그렇다면 선거 때마다 좌클릭을 선언했던 부분이 실패의 주요 원인이었다고 보시는지요.

고성국: 중간층을 공략해야 이긴다는 건 움직일 수 없는 사실입니다. 그럼에도 반대로 움직인 겁니다. 전당 대회 때마다 경쟁이라도 하듯이 좌클릭을 주문했잖아요. 당권 경쟁을 그런 식으로 했습니다. 내가 더 왼쪽에 있다면서 상대를 공격했단 말이에요. 그 과정에서 중간층이 새정치연합의 정체성에 대한 의구심을 가지게 됩니다. 이건 중간층 정당의 전략적 행보가 심각하게 위협을 받았다는 걸 뜻해요. 집권에 심각한 장애 요소가 됐다는 것이기도 하고요. 당권을 잡으려고 당을 집권에서 더욱 멀어지게 하는 모순된 행동을 한 거예요. 일종의 해당(害黨) 행위입니다.

지승호: 종합해보면 지난 대통령 선거에서 박근혜라는 강력한 후보가 중간층을 성공적으로 공략했기 때문에 이길 수 있었다고 보시는 건데요. 이런 부분을 야권에서 배워야 한다고 보시는 건가요?

고성국: 그렇습니다. 앞으로 박근혜같이 강력한 후보는 당분간 안 나올 거예요. 그런데 그 강력함이 어디에서 왔느냐. 바로 지지자들의 절대적인 충성심과 중간층 공략을 자유자재로 하는 전략적 유연성, 이 두 가지입니다. 전략적 유연성에서 보수가 진보를 앞선다면 안 그래도 기울어진 운동장에서 진보가 해볼 방법이 없는 거예요. 이건 보수나 진보나 다 알고 있는 사실입니다. 그렇다면 결론은 하나예요. 불리한 정치지형을 극복하려면 전략적으로 두 배 이상의 유연성을 발휘해야 하는 겁니다. 박근혜에게 배워야 할 점은 바로 그거예요.

박근혜와 리더십

지승호: 좀 더 구체적으로 말씀을 나눠보지요. 지난 대선에서 드러난 진보진영의 문제점은 무엇일까요? 박사님은 당시 〈한겨레〉와의 인터뷰에서 다른 정치평론가들과 달리 박근혜가 대통령이 될 것이라고 말씀하셨습니다.[5] 하지만 당시 진보진영 분위기는 달랐습니다. 전임인 이명박이 워낙에 실정을 많이 한 탓에 그 점을 부각시키면 자연스레 야권이 승리할 거로 봤지요. 결과를 보고 많은 사람들이 충격을 받았죠. 왜 이런 일이 생긴 걸까요?

5) "박근혜가 200만 표 차이로 이긴다" 〈한겨레〉 토요판 2012년 12월 8일자.

고성국: 현실을 제대로 읽지 못하고 믿고 싶은 걸 믿었던 겁니다. 당시 누가 이길 것이냐를 두고 평론가들 사이에 논쟁이 좀 있었죠. 저는 박근혜가 유리하다고 봤고요. 당시 진보진영 논객들의 반론도 만만치 않았습니다. 저는 그분들이 상황을 오판할 정도로 수준이 낮거나 천박했다고 생각하지 않아요. 나름대로 고민이 있었을 거예요. 이를테면 불리한 한국 정치지형에서 자성예언적 효과가 필요했을 수도 있고요. 박근혜 별거 아니다, 이번은 진보가 이기게 되어 있다, 이런 식으로 말함으로써 진보 진영, 또는 야권의 결집을 불러올 수도 있잖아요. 전문가들의 한마디 한마디가 유권자들의 판단에 미치는 영향이 분명히 있습니다. 어렵다, 이번에도 질 거다, 이러면 일찌감치 포기하고 투표장에 가지 않을 수도 있으니까요. 결과를 보시면 알겠지만 51대 49인 상황을 감안하지 않을 수가 없었을 겁니다.

지승호: 예측 자체가 결과에 영향을 미치기 때문에 그런 점을 고려하지 않을 수 없었을 거라는 말씀인가요?

고성국: 그렇습니다. 하지만 평론가가 정치적 의도를 가지고 다른 이

야기를 하면 안 된다고 생각합니다. 특정 캠프에서 전략가로 활동한다면 모르겠지만, 대중을 상대로 평론할 때는 어떤 경우에도 거짓말을 하면 안 됩니다. 그건 평론의 과학성과 신뢰도를 떨어뜨리는 일이에요. 중장기적으로는 자기가 마음속으로 지지하는 진영에도 좋지 않은 결과를 미칩니다. 객관적으로 현실을 파악해야 패배해도 교훈을 얻을 수 있습니다. 그래야 다음에 승리할 수 있고요.

지승호: 당시 진보진영에서 박근혜를 얕보는 경향이 강했습니다. 박사님은 『박근혜 스타일 2012』라는 책에서 대통령 후보로서 박근혜의 강점에 대해 말씀하신 바 있는데요. 예컨대 "(박근혜는) 사람들을 만날 때 들은 중요한 내용과 챙겨야 할 것들을 거기에 기록한다. (…) 어떤 지역에 가서 수십 명을 만났다면 그들과 약속한 걸 일일이 말해주면서 처리 방침을 알려준다. 그리고 2~3개월 후 잊을 만하면 그 일의 처리 상황을 물어본다고 한다. 이때 제대로 대답을 못 하면 곤란해진다. 그렇게 꼼꼼하게 일 처리를 한다. 그 토대가 되는 게 바로 수첩이다"라고 적으셨습니다.

고성국: 상황이 많이 달라지긴 했지만, 제가 박근혜를 분석하면서 느낀 점은 그가 주변인들로부터 존경받고 있다는 사실이었어요. 몇 가지 에피소드들이 있습니다. 예를 들어서 장거리 여행을 하는데도 이코노미석에 앉아서 자세를 한 번도 흐트러뜨리지 않았다든지, 뭔가 사람들이 경외심을 가질 만한 요소가 있는 거예요. 자기 절제가 엄청나게 강한 사람입니다. 어릴 때부터 훈련이 되어서 그렇기도 하지만, 대통령이 되겠다고 하는 분명한 목표에 모든 초점이 맞춰져 있었던 겁니다. 그런 치열함이랄까 처절함을 '수첩 공주'라며 비아냥거린다거나 권위적이라는 식으로 가볍게 놀리듯 넘어갈 문제가 아니라고 저는 본 거예요. 오히려 당시 야권의 후보들이 그런 치열함이 있었느냐고 반문해야죠. 상대가 저렇게 열심히 하는데 그걸 보고 아무런 경각심도 가지지 못한다면 이길 수가 없죠. 대통령이 되기 위한

철저한 자기관리, 저는 박근혜라는 정치인에게 잡아내야 할 포인트가 거기에 있다고 봅니다. 앞으로 대통령이 되려는 사람이라면, 진영과 상관없이 가져야 할 태도라고 생각해요. 평론가로서 이러한 점을 강조하고 싶었던 거예요.

지승호: 대권주자로서 갖춰야 할 자질에 대해 말씀하신 거로 이해하면 되겠군요. 한편, 중요한 것은 대통령보다 그 주변을 둘러싼 사람들이 아닐까 하는 생각도 해보는데요. 박근혜를 둘러싸고 '친박'이니 '비박'이니 하면서 줄 서기에 열중하는 사람들을 어떻게 보십니까? 박사님은 '친박'이 취약한 구조 위에 서 있다고 말씀하신 바 있습니다.

고성국: 소위 '친박' 중에 자기 힘으로 여기까지 온 사람이 몇 명이나 될까요. 진짜 자기 힘으로 온 사람은 얼마 안 됩니다. 나머지는 다 박근혜라는 인물의 대중적 인기에 편승한 사람들이죠. 그러니 그걸 기반으로 한 정치세력이라는 게 얼마나 허약하겠어요. 그런데 놀라운 것은 '친박'을 자처하는 사람들도 박근혜에 대해서 잘 모르더라는 겁니다. 진보와 보수를 떠나서, 지도자의 리더십을 이해하는 일은 매우 중요합니다.

지승호: 진보진영도 상황은 비슷한 것 같습니다. 사람보다 시스템을 중요시하는 경향도 있고, 특정 지도자에 열광하는 부분은 있지만 리더십에 대한 과학적인 이해랄까, 이런 건 좀 부족한 것 같습니다.

고성국: 박근혜는 혼자 가는 측면이 컸습니다. 이에 비해 지금 야권은 박원순, 안철수, 문재인 같은 잠재적 지도자가 있고 아직 정치적으로 완성된 상태는 아니잖아요. 대권을 잡으려면 좀 더 노력해야 할 부분이 있습니다. 이런 걸 분석하고 이해하는 사람이 바로 킹메이커가 아닐까요. 박근혜 같은 사람은 누가 메이커를 자임하고 나서기도

어렵습니다. 워낙에 대중적 지지가 탄탄하고 자기 스타일이 강해서 그냥 박근혜라는 리더십에 맞춰나가는 역할 정도밖에 못 해요. 그런데 박원순이나 문재인이나 안철수는 함께 만들어갈 수 있는 부분이 커요. 그런 점에서 차이가 있습니다.

지승호: 야권에서 잠재적 대권주자들을 강력한 후보로 키워내려면 구체적으로 어떤 역할이 필요할까요?

고성국: 예컨대 박원순을 2017년 대선에서 대통령으로 만들어 정권교체를 하고자 한다고 생각해 봅시다. 아까도 말씀드렸듯이 선거에서 이기려면 51%의 득표가 필요하잖아요. 그러려면 중간층에 강력한 소구력(訴求力)이 있는 후보여야 합니다. 그런데 박원순에게는 여기에 적합한 조건도 있고 그렇지 않은 것도 있어요. 이때 유리한 조건은 적극적으로 활용하고 그렇지 않은 부분은 두드러지지 않도록 잘 조절하는 게 필요합니다. 예컨대 시민운동가 출신으로서 비정치적인, 그리고 깨끗한 이미지가 있어요. 이건 중간층 공략에는 좋은 포인트입니다. 고향이 경남이라는 점도 지역구도가 남아 있는 한국 선거풍토에서 나쁘지 않고요. 새정치연합과 호남을 동일시하는 중간층들을 설득하는 데 도움이 됩니다. 재산도 별로 없고, 유별난 부자가 아니라는 점도 중간층과 샐러리맨들한테 다가가기에 좋습니다. 이런 분석이 타당하다면 여기에 맞춰서 집권 프로세스를 실행해가는 거예요. 잘 안 될 가능성도 있습니다. 우선 당내 경선을 통과해야 합니다. 박원순 입장에서는 아무리 열심히 해도 여기서 떨어지면 무슨 소용인가 하는 생각을 할 수 있습니다. 당원을 조직해야 하고 어쨌거나 당의 기반인 호남지역을 공략하지 않을 수 없어요. 그래서 한 번 갈 거 두 번 가고 이렇게 돼요. 그러면 중간층 공략에 장애가 생기게 되죠. 그럴 때 필요한 게 바로 킹메이커예요. 호남, 그리고 전통적인 민주당 지지자는 내가 맡겠다. 걱정 말고 소신대로 하라. 호남 유권자들이야말로 이길 확신만 있다고 하면 표를 모아주는 전략적 판

단을 하는 사람들이다. 중간층 공략이 우선이다. 호남에 갈 시간 있으면 충청도 가고, 강원도 가고, 영남을 가라. 이렇게 말할 수 있어야 한다는 거죠. 후보에 따라 차이가 있지만, 기본적으로 그렇다는 겁니다.

지승호: 이번엔 안철수 공동대표 얘기를 해볼 텐데요. 지난 재보궐 선거 패배로 타격을 입었는데요. 여전히 대권주자로서 힘이 있을 거로 보십니까?

고성국: 새정치연합에 대한 중간층의 기대는 여전해요. 안철수가 그 기대를 충족시켜주지 못해서 실망했지만, 그렇다고 해서 그들이 문재인이나 김무성을 지지하기는 어렵거든요. 중간층의 기대를 담아낼 수 있는 주자는 현재로선 새정치연합의 박원순, 안철수 정도라고 봅니다. 그런 의미에서 실점은 많이 했지만, 여전히 가능성은 남아 있다고 생각합니다.

지승호: 문재인 후보로는 중간층 공략이 쉽지 않다는 얘기인가요?

고성국: 지금 새정치연합의 잠재적 대권주자인 박원순, 안철수, 문재인, 이렇게 세 사람만 놓고 보면 그렇죠. 문재인의 장점인 친노세력이 중간층 공략을 어렵게 하고 있습니다. 적극적 지지자들이 외연 확장을 막고 있는, 어떻게 보면 운명적 한계가 있어요. 이걸 극복하려는 적극적인 행보를 해야 합니다. 일단 당내의 친노그룹 해체를 선언해야죠. 물론 '친노'라는 게 어떤 실체가 있어서 따로 사무실을 내고 정치활동을 하지는 않지만, 계파로 존재하는 건 사실이잖아요. 따라서 이를 개혁해낼 수 있는 것도 바로 문재인입니다. 친노를 해체한다고 그동안의 지지자들이 돌아서는 건 아니거든요. 계파를 해체하고 중간층에게 어필해야 합니다. 저는 문재인에게 주어진 역할이 바로 이거라고 생각해요. 지금 당권 같은 데 신경 쓸 때가 아닙니다. 차기

대선주자로서 문재인에게 당권은 아무 의미가 없어요. 친노 세력한 테만 중요하죠. 2016년 총선 공천권이 걸려 있기 때문입니다. 대선주자로서 중간층을 껴안고 갈 거냐, 아니면 친노세력들의 총선 진출을 위해 움직일 거냐, 이 갈림길에 서 있는 거예요.[6]

6) 인터뷰 이후 2015년 2월 8일 문재인은 박지원, 이인영을 누르고 새정치민주연합 대표로 당선된다.

지승호: 2016년 총선에서 친노그룹이 문재인이라는 카드를 쓰고 싶어 할텐데, 문재인이 이러한 주변의 요구를 거부할 수 있을까요?

고성국: 그래서 친노들이 그러면 안 된다는 겁니다. 문재인이라는 유력한 후보가 그렇게 소비되어선 안 돼요. 문재인도 사람인데, 주변에서 자기들 정치생명이 걸려 있으니 꼭 나서달라, 하면 거절할 수 있겠어요? 친노들 스스로가 자기를 내려놓아야죠. 그러면서 문재인에게 대권의 길을 가시라, 우리가 죽는 한이 있어도 당신은 상처받지 않고 한 번 더 대권에 도전해야 한다. 이래야 한다는 말이에요. 그러면 문재인이 친노를 넘어서서 중간층의 바다로 나아갈 길이 열리는 겁니다. 친노들이 대오각성하고 2002년 노무현을 만들었던 초심으로 돌아간다. 이러면 더 큰 지지를 받을 수 있어요. 유권자들을 믿어야 합니다. 국민들이 지혜롭다는 것은 그런 움직임들을 통찰력 있게 볼 수 있다는 뜻입니다.

국민통합이라는 시대정신

지승호: 박사님은 〈한겨레21〉에 기고하신 글에서 "야당들과 시민단체들은 더 이상 야권연합을 자신들의 전략 사무실에 가두어 두어서는 안 된다. 더 이상 우물쭈물 말고 야권연합을 대중의 바다에 힘차게 던져야 한다. 결과가 열려 있을 때만 민주주의다. 야권연합을 당리당략의 좁은 틀에 가두지 말고 대중의 바다에서 놀게 하는 것이야말로 가장 연합적인 방식이며 가장 힘 있는 민주주의의 방식이다" [7]라고 하셨는데요. 구체적으로 어떤 의미인가요?

7) '정치의 꽃 연합, 연합의 꽃 감동' 〈한겨레21〉 859호(2011년 5월 4일).

고성국: 국민을 이용할 생각을 하지 말고 국민을 믿고 함께 가야 한다는 뜻입니다. 정치인이라면 매 상황 매 순간 그래야 해요. 김대중의 정치 인생을 보면 잘 알 수 있습니다. 1960년대에 벌써 통일을 얘기하잖아요. 예비군, 교련을 반대합니다. 박정희에 맞서다가 납치를 당하기도 하죠. 내란음모로 사형선고를 받습니다. 도대체 이 사람의 무엇이 그런 도전을 가능하게 했을까. 보통 사람이라면 힘들었겠죠. 저는 생각합니다. 그가 최후까지 믿었던 것, 희망의 끈을 놓지 않았던 이유는, 바로 국민이에요. 그거 하나 믿고 그 엄혹했던 시기 진보적인 정치를 외쳤던 것입니다. 정치인은 그 정치인의 모든 정치적 미래와 희망을 국민과 대중 속에서 찾는 겁니다. 지금 새정치연합의 정치인들이 진짜 대중을 믿고 가느냐. 제 눈에는 그렇게 안 보인다는 겁니다. 2010년 6·2 지방선거가 있기 석 달 전 천안함 사건이 일어났습니다. 무려 46명이나 되는 장병들이 희생되면서 선거 이슈가 되죠. 당시 이명박이 전쟁기념관에서 대북 경협을 중단하겠다는 5·24 조치를 발표하는 등 여당 쪽에서 공세적으로 나와요. 선거 막바지였습니다. 여기에 어떻게 대응할 것이냐를 두고 야당 쪽에서 논란이 있었습니다. 맞받아서 "전쟁이냐 평화냐"로 가자는 쪽과 다른 이슈로

선거를 치러야 한다는 쪽으로 나뉘었죠. 논쟁 끝에 결국 "전쟁이냐, 평화냐"로 갔습니다. 진보 정치라면, 전쟁위기를 고조시키면서 국민을 협박하는 정권에 어떻게든 맞서야 하는 겁니다. 그 힘은 국민에게서 나오고요. 국민을 믿어야 합니다. 그런데 그때 왜 망설였느냐, 안보 이슈는 야당이 절대적으로 불리해요. 행여 그랬다가 정치적으로 손해를 보면 어쩌나, 보수층을 자극하면 어쩌나, 하는 걱정을 했기 때문입니다. 그러는 사이 네티즌들이 먼저 나섰지요. 지금 전쟁하자는 거냐, 여기저기에서 여론이 일어납니다. 그제야 야당은 "전쟁이냐 평화냐"를 내걸지요. 그렇게 치고 나감으로써 선거에서 이길 수 있었습니다. 그때 소극적으로 대응했으면 결과를 장담할 수 없었다고 저는 생각해요.

지승호: 당시 지방선거를 통해 김두관, 안희정, 이광재가 주목을 받았습니다. 신 40대 기수론이라는 말도 나왔고요. 박사님은 2011년에 쓰신 책 『고성국의 정치in』에서 야권의 유력한 인물로 손학규, 정동영, 유시민, 이렇게 꼽으셨는데요. 판세가 바뀌다 보면 40대의 젊은 정치인들이 빨리 호출될 수도 있을 것 같은데, 지금 상황에서 기대할 만한 사람은 누가 있을까요?

고성국: 그사이에 잠재력을 잃고 수면 아래로 가라앉은 사람들도 있고요. 안희정만 여전히 야권의 차세대로 자리매김하고 있다고 볼 수 있습니다. 다만 2014 지방선거 결과를 보면 안심할 수 있는 상황이 아니라는 말씀을 드리고 싶습니다. 선거에서 이기기는 했지만 고전했거든요. 4년간의 충남도지사 생활을 통해 지역 기반을 충분히 다지지 못했다는 이야기입니다. 당시 경쟁상대였던 새누리당의 정진석 후보는 수차례 국회의원을 지냈지만, 대선주자급은 아니었거든요. 조금 더 공력을 키우는 것이 필요하다는 생각입니다.

지승호: 두 번의 큰 선거가 남아 있습니다. 2016년 총선과 2017년 대

선인데요. 진보진영에서 전략을 어떻게 짜야 할지, 총선과 대선은 어떤 관계에 있을지 말씀 부탁드립니다.

고성국: 다음에 치러질 총선은 대선과 직접적인 상관이 없어요. 전혀 관계가 없다고는 할 수 없지만, 총선이 대선에 미치는 영향은 미미할 것이라는 겁니다.

2008년 총선은 이명박이 대통령에 취임하고 겨우 두 달 뒤에 치러졌습니다. 둘 다 노무현 정권에 대한 심판의 성격이 강했죠. 모두 지금의 여당이 압승을 거둡니다. 그다음 2012년 4월에 총선이 있었고 같은 해 12월에 대선이 있었습니다. 총선에서는 박근혜의 인기에 힘입어 당시 한나라당이 과반을 따내죠. 하지만 그렇다고 대선이 쉽게 갔느냐, 그건 아니거든요. 여러 우여곡절 끝에 박근혜가 대통령에 당선되지요. 우리나라에서 총선과 대선은 조금 성격이 달라요. 기본적으로 대선이 정권을 교체하느냐, 아니면 정권을 유지하느냐의 싸움이라면 총선은 지역대표를 뽑는 선거입니다. 어느 한 쪽이 잘 됐다고 해서 나머지도 이길 거라는 전망은 하기 어렵죠.

지승호: 박사님은 2017년 대통령 선거는 새로운 흐름의 시작이 될 '정초(定礎)선거'가 될 것이라고 하셨습니다. 한편 향후 박근혜같이 강력한 후보가 나타나긴 어려울 거라는 전망도 하셨고요. 차기 대선이 어떤 점에서 우리 정치의 전환점이 될 것으로 보십니까?

고성국: 2017년에 새정치연합이 이기면 국면이 바뀔 거예요. 김대중·노무현 10년, 이명박·박근혜 10년, 이 20년간의 갈등과 혼란을 마무리하고 이걸 한 단계 넘어서는 새로운 시대가 열리는 거죠. 물론 누가 대통령이 되고 그 사람이 어떻게 하느냐에 따라 달라지겠지만, 이전과는 다른 정치를 보여줄 절호의 기회가 될 수 있다는 겁니다. 저는 2017년 선거의 의미는 통합과 통일에 있다고 생각해요. 국민통합의 경우는 이전부터 국민적 요구가 강했습니다. 2012년 대선

때 박근혜, 문재인 두 후보 모두 국민통합 위원회를 설치해서 운영할 정도였으니까요. 하지만 박근혜가 대통령이 되면서 어때요. 국민통합은커녕 이념대결이랄지 지역·세대 간 갈등 같은 것들이 더 심해지고 있지 않습니까. 분열과 갈등이 증폭되는 양상을 보이고 있기 때문에 국민들이 2017년에는 누가 됐든 통합됐으면 좋겠다. 국민통합, 사회통합, 국가통합이 좀 이루어졌으면 좋겠다고 생각할 가능성이 많습니다. 미완의 과제로 남아 있기 때문에 통합이 또 한 번 시대정신이 될 것이라고 보는 것이고요. 동시에 한반도를 둘러싼 주·객관적인 정세가 통일 쪽으로 계속 가고 있기 때문에 이것 역시 중요한 시대정신으로 부각될 가능성이 있다고 봅니다. 차기 대권주자들은 반드시 여기에 대한 대안을 가지고 있어야 합니다. 국민통합과 통일 시대에 대한 비전을 국민들에게 내놓고 설명해야죠. 물론 경제나 교육 등 기본적인 현안에 대한 정책도 있어야겠지만, 다음 대선에서 핵심은 그 두 가지일 것이라고 봅니다.

지승호: 그렇다면, 예컨대 통일에 대한 안목을 갖춘 킹메이커가 국민통합을 이룰 만한 후보를 세우고 함께 간다면 대통령이 될 가능성이 높다고 볼 수 있을까요?

고성국: 후보 주위에 통일에 대한 식견이 있는 사람, 국민통합의 상징성이 있는 사람이 포진하는 것은 도움이 될 수도 있겠죠. 하지만 그게 킹메이커의 역할이라고 생각하지는 않아요. 시대정신과는 상관없이, 후보를 전략적으로 이끌 수 있는 자질이랄까, 그런 게 더 중요하죠.

지승호: 박사님은 킹메이커를 분석한 책을 내신 바 있는데요, 거기에 대한 말씀을 좀 더 나눠볼까 합니다. 킹메이커의 역할이랄까 요구되는 자질은 무엇입니까?

고성국: 킹메이커로서 성공하려면 자기 마음을 비울 수 있어야 합니다. 자기 욕심을 앞세우면 제 역할을 하기 어렵죠. 역대 킹메이커로 불린 사람의 면면을 보면 그렇습니다. 1992년에 김영삼 대통령 만들기의 선봉에 섰던 김윤환이 그랬고요. 이 사람은 결정적인 고비마다 역할을 합니다. 예를 들어서 내각제 각서 파동이 나서 김영삼이 마산에 칩거할 때, 거의 분당 수준까지 가는 상황에서 이걸 중간에서 풀어내죠. 민정계와 민주계가 일촉즉발의 싸움을 하고 있을 때, 민정계를 설득해서 김영삼 대세론을 만듭니다. 또 노태우의 힘을 믿고, 월계수회를 조직해서 뭔가 해보려던 박철언이나 박태준 이런 사람들을 정리하죠. 그 외에도 김영삼이 대통령이 되기까지 중요한 역할을 많이 합니다.

김대중의 경우에는 메이커라고 할 만한 인물이 따로 없었지만 권노갑이라는 정치적 동반자가 있었습니다. 자기 욕심 없이 평생을 헌신한 사람이지요. 노무현의 경우에는 메이커가 따로 있었다고 말하기는 어렵습니다만, 대통령이 되기까지 어느 정도 역할을 한 인물은 있습니다. 천정배는 2002년 당시 민주당 경선 때 지지율 1%였던 노무현을 공개적으로 지지했죠. 정식으로 민주당 대통령 후보가 될 때까지 현역 의원으로서 유일하게 캠프에 참여해 좌장 역할을 했습니다. 이해찬은 선거 전략본부장을 맡았고요.

그런데 여기서 중요한 게, 그렇다고 해서 김윤환이 김영삼을 만들었다, 또는 천정배나 이해찬이 노무현을 만들었다고는 말할 수 없어요. 왜냐하면 우리 정치에서 김영삼, 김대중, 노무현, 박근혜는 자기 힘으로 간 인물들입니다. 도움은 받았지만 결정적인 역할은 본인들 스스로가 합니다. 유일한 예외가 이명박이에요. 이 사람은 당에 기반이 없어요. 이재오가 아니었으면 당내 조직을 건사하기 힘들었을 겁니다. 형이었던 이상득이나 정치적 스승이라 불리던 최시중 이런 사람들이 아니었으면 제대로 대통령직을 수행하기 어려웠을 거예요. 지금 말씀드린 이재오, 이상득, 최시중, 이런 사람들이 이명박 정권 때 실권을 쥐던 소위 6인회 멤버들입니다. 이 6인회가 이명박을 만든

'메이커'라고 생각해요. 보통 선거가 끝나면 대통령을 중심으로 정리가 되는데, 이 6인회만은 이명박이 대통령이 된 다음에도 일정하게 자기 영향력과 지분을 가지고 가요. 당은 이재오가, 여론 조사 전략은 최시중이, 그 밖의 조직은 이상득이, 이런 식으로 나눠 맡았던 겁니다.

국민을 향하는 권력의지

지승호: 말씀하신 것처럼 우리 정치사에는 자기 힘으로 대통령까지 가는 사례가 대부분인 것 같습니다. 그러기까지 우여곡절도 많고 수많은 장애물이 있을 텐데요. 이런 것들을 극복하려면 남다른 의지가 필요하다고 생각합니다. 이와 관련해서 차기 대권주자들이 염두에 두어야 할 것이 있다면 무엇일까요?

고성국: 과연 내가 권력의지를 제대로 갖추고 있는가? 하고 자문할 필요가 있겠죠. 이게 무슨 말이냐 하면, 지금의 야권, 또는 민주 진보 진영의 집권이 국가의 발전, 국민의 안전, 또는 역사적 진보라고 하는 거스를 수 없는 시대적 과제이자, 자신의 목숨을 걸어도 좋을 만큼의 핵심 가치라고 생각하고 있느냐는 뜻이에요. 이 권력의지가 분명하게 세워져 있다면 자신의 개인적 권력욕은 내세울 수 없는 겁니다. 아까 야권의 문제점을 지적하면서 마음을 못 비우고 있다고 했는데, 같은 말이에요. 권력의지가 아니라, 권력욕에 따라서 움직이고 있다는 뜻입니다. 권력의지와 권력욕은 큰 차이가 있습니다. 진보진영이 어떻게 정당정치에 발을 딛게 됩니까? 1970년대 민주화 운동을 하고 1980년 5월 광주민주항쟁을 거치면서 거리의 정치만으로는 안 되겠구나, 라는 한계를 절감하고 조직을 만들고 일부는 의회로도 진

출했잖아요. 그때 민주진보진영이 가졌던 열정과 목표, 의지, 이것이 권력의지입니다. 여기에는 개인의 권력욕이 끼어들 틈이 없죠. 하지만 지금은 어떻습니까. 대의명분 속에 사적인 욕심을 감추고 있지는 않은지 자문해봐야 한다는 겁니다. 그런 질문을 자기 성찰적으로 엄중하게 던져야 한다는 거예요. 이런 성찰 없이 어떻게 국민들을 설득합니까. 왜 야권을 찍어야 하는지 설명할 수가 없어요.

지승호: 국민들의 신뢰를 얻으려면 사적인 권력욕이 아닌 권력의지를 가져야 한다는 말씀인데요, 그렇다면 그러한 권력의지를 국민들에게 어떻게 보여줄 수 있을까요?

고성국: 국민들에게 진심을 어떻게 알릴 것이냐. 그냥 그렇게 행동을 하면 됩니다. 내가 믿는 대로 실천하면 돼요. 그러면 국민들이 알아요. 의심하지 않아야 합니다. 우매한 국민들이 과연 내 참뜻을 알아줄까? 그럴 필요 없어요. 작은 일이든 큰 일이든, 진심으로 권력의지를 갖고 행동하면 됩니다. 나중엔 다 알게 돼요. 지난날 민주화 운동, 재야 운동의 도덕적 정당성이 어디에서 왔습니까. 한 사람, 한 사람 이름 모를 이들의 희생과 실천이 쌓여서 생긴 거잖아요. 지금의 진보진영이 그 기반 위에서 정치를 하고 있는 겁니다. 그런데 이걸 계속 쌓아가기는커녕 계속 국민을 의심하고 자기 욕심이나 채우다가 망한 거예요. 따라서 국민에게 어떻게 보여줄 건지, 어떻게 믿게 할 건지, 이런 질문은 어떻게 국민들로부터 인정받을 수 있을까, 하는 것으로 바뀌어야 합니다. 국민이 몰라준다고 생각하는 배경에는 오만함이 있는 거예요. 내가 잘하는데 왜 몰라줍니까. 내가 못하니까 인정 안 해주는 것뿐이에요.

지승호: 전략적으로 보았을 때 '기울어진 운동장'을 극복하는 하나의 방안으로 정당 간 연합이 자주 이야기됩니다. 특히 선거 때마다 새정치연합보다 더 왼쪽에 있는 정당과의 연합이 논의되는 경향이

있는데요, 어떻게 보십니까?

고성국: 승리의 핵심은 중간층 공략입니다. 그런 차원에서 보면 도움이 되는 전략은 아닌 거죠.

지승호: 선거 때마다 야권연대를 원하는 목소리가 크고, 정당으로서는 지지자들의 요구에 응하지 않을 수 없는 상황일 텐데요.

고성국: 원한다고 다 할 수는 없는 일입니다. 전략적으로 판단해야 해요. 정당의 존재 이유는 정권을 창출하는 거예요. 그걸 위해서 중간층 공략이 핵심이라면 나머지는 다 부차적인 거예요. 물론 한 표라도 더 모으는 것이 좋지만, 그건 정당이 아니라 지지자들이 알아서 해주는 거예요. 이심전심이라는 게 있잖아요. 내가 지지하는 정당이 집권하려면 어떻게 해야 하나, 거기에 따라 행동하게 되어 있습니다. 지금 보수가 그러잖아요. 단일화 협상 테이블 같은 거 만들어서 지분 나누고 하지 않습니다.

지승호: 대통령이 정치를 어떻게 하느냐에 따라서 앞으로 선거 판도도 달라질 것 같습니다. 인사문제나 불통문제가 항상 논란이 되고 있지 않습니까. 박근혜 대통령이 다음 선거에 얼마만큼 영향을 미칠 거로 보십니까?

고성국: 선거를 좌우하는 것은 다른 무엇보다도 후보 자체예요. 우리나라 선거는 후보를 봅니다. 예컨대 이명박이 2012년 대선에 영향을 미쳤을까요?

지승호: 생각보다 영향을 안 미쳤죠. 박근혜가 잘 방어를 했고, 일정하게 여당 내에서 야당 역할을 했기 때문이라고 분석하는 사람이 많습니다.

고성국: 바로 그겁니다. 후보였을 때 박근혜 본인이 잘하니까 현직 대통령이었던 이명박은 변수가 안 됐다는 거잖아요. 2017년 대선에서 박근혜는 종속변수에 불과합니다.

지승호: 다음 후보가 어떻게 하느냐에 따라서 달라질 거라는 말씀이시군요.

고성국: 그렇습니다. 대선 후보가 어떻게 나오느냐가 결정적이라는 겁니다.

지승호: 지금 여당인 새누리당 사정도 알아봐야 할 것 같습니다. 지금 상황에서 보면 새정치연합에 인물들이 많다고 하셨는데요. 이런 상황을 새누리당도 잘 알고 있을 겁니다. 그쪽에서는 어떻게 대처할까요?

고성국: 우선 말씀드리고 싶은 것이, 진보진영이 결코 새누리당을 얕봐선 안 된다는 겁니다. 야권 지지자들에게는 그런 경향이 있어요. 표현 하나 하나가 상대에 대해서 시니컬해요. 잠깐 화풀이는 할 수 있겠지만 그런 자세로는 못 이깁니다. 상대를 경쟁상대로 인정하고 분석하지 않고서 어떻게 이길 수가 있겠어요. 게다가 보수진영의 저력이라는 게 결코 만만치가 않습니다. 위기에 처했을 때 새누리당은 하루 이틀 뚝딱해서 외부 인사 영입하고 그렇게 안 하잖아요. 간혹 비대위원으로 영입해서 이벤트를 벌이기는 하지만, 기본적으로 상당히 전략적입니다. 진보진영이 이걸 알아야 해요. 앞으로 새누리당이 어떻게 나올지는 쉽게 예측할 수 없습니다. 다만, 제가 강조하고 싶은 건 그런 것과는 상관없이, 내가 어떻게 할 것이냐, 지금의 야권이 어떤 권력의지를 갖고 국민에게 다가갈 것이냐가 중요하다는 거예요. 새누리당 쪽 얘기는 그다음입니다.

2부

중간층이 승부를 가른다

2017년 대선의 핵심 이슈

지승호: 2017년 대선에 대해 본격적으로 말씀을 나눴으면 합니다. 어떤 이슈를 놓고 선거가 진행될 거로 보십니까?

고성국: 다음 대선의 핵심 이슈는 세 가지가 될 것 같습니다. 첫째는 양극화 문제, 둘째는 국민통합, 셋째는 통일 문제예요. 이것은 지난번 선거 때도 이슈였죠. 양극화를 둘러싼 경제민주화 논쟁이 대선 기간 내내 있었고 국민통합도 그랬습니다. 양쪽 다 국민통합위원회를 구성하고 서로 상징성 있는 인물을 상대 진영에서 영입하려고 했고요. 통일 문제는 상대적으로 좀 덜 했던 것 같아요. 이명박 정부에서 워낙 남북 관계가 막혀 있는 상황이었기에 통일을 얘기하기 어려운 부분도 있었겠지요. 그러다가 박근혜 대통령이 '통일 대박론'을 들고 나오면서 긍정적이든, 부정적이든, 통일 문제가 중요한 이슈로 떠올랐지요.

북한도 변수입니다. 장성택 제거 후 김정은 체제의 유동성이 높아졌지요. 한편으로는 핵무기의 소형화, 경량화에 따른 한반도의 군사적 긴장 해소가 현실적인 과제가 되었고요. 미국이나 우리 군도 사실상 북한의 핵무기 보유를 전제하고 전략을 재구성할 수밖에 없는 상황이 되었습니다. 한편으론 북한 인권 문제를 연결고리로 하는 대북 압박이 지속적으로 제기되면서 북한의 고립이 심화될 가능성이 많습니다. 대외적으로는 중국이 G2로 발돋움하면서 뒷마당이나 다름없는 북한의 돌출적 행동을 어떻게든 관리하고 싶어하겠죠. 외교적 리스크를 최소화하려고 할 겁니다. 이런 이해관계 속에서 통일 문제가, 또는 북한의 붕괴가 상당히 현실적인 시나리오로 다가오고 있어요. 이것이 2012년 대선과는 다른 국면입니다. 따라서 2012년에 제기됐으나 해결하지 못한, 사회적 양극화와 국민통합 이슈가 여전히 유효할 것이고, 그동안의 정세 변화로 인해 통일 문제도 2017년도 대선에서 중요한 이슈가 될 것이라고 보는 겁니다.

지승호: 박근혜 대통령이 통일 문제를 잘 못 푸는 이유는 뭘까요?
통일은 대박이라는 화두를 던졌지만 그 이후로 진전이 없어 보이는
데요.

고성국: 통일 문제에 접근할 때는 전략적 유연성이 가장 중요합니다.
원칙만 가지고 될 일이 아닌 거지요. 그러니까 우리가 통일로 가는
과정에서 지켜야 할 원칙이나 핵심 가치가 있지만 그것은 일단 지향
이고요. 구체적인 각론이 필요하다는 겁니다. 예컨대 어떤 경우에도
자유민주주의를 포기할 수 없다든지, 민족 대단결의 원칙을 포기할
수 없다든지 하는 원칙은 그 자체로 두되, 실제로 현실에서 벌어지는
군사적 긴장을 완화할 대안을 마련해야 한다는 겁니다. 원칙과 가치
를 관철할 전략적 유연성, 박근혜 정부는 이게 없어요. 야당에서 문
제제기를 해야 할 부분입니다. 전략적 유연성은 그때그때 생각나는
대로 해서는 만들어지지가 않습니다. 통일의 가치가 내재화되어 있
는, 체현되어 있는 사람만이 구사할 수 있는 거죠. 이를테면 박근혜
의 아버지인 박정희는 어떤 가치를 내면화하고 있었습니까? "내 무
덤에 침을 뱉어도 좋다. 나는 산업근대화, 조국근대화를 위해서 정치
하겠다." 하는 가치가 내면화되어 있었던 거예요. 온 세상 사람들이
침을 뱉어도 나는 이 길을 향해 가겠다는 의지가 강했습니다. 그래서
몸을 숙일 때는 숙이고, 외국한테 가서 고개 숙이더라도 돈 얻어 오
고, 마산 자유무역지역이라도 만들고 했단 말이죠. 옳다, 그르다의 문
제를 떠나서, 이런 식의 전략은 정치지도자가 뭔가를 내면화할 때 나
오는 거예요. 그래서 저는 박근혜가 구체적인 전략을 내놓지 못한 데
에는 통일을 내면화하지 못한 데 원인이 있다고 보는 겁니다. 그렇다
면 박근혜는 왜 통일을 내면화하지 못했을까, 그건 표를 의식했기 때
문입니다.

　저는 그런 점에서 역대 대통령 중에서 통일의 가치를 내면화한 사

람이 김대중이었다고 생각해요. 그의 40년 정치 역정이 증명하고 있습니다. 노벨평화상은 그러한 과정에 대한 국제적 평가였다고 생각해요. 그래서 2017년 대선, 또는 2022년 대선에서도 통일이 핵심 이슈가 되었을 때 이 가치를 내면화한 지도자가 나와야 한다고 보는 거예요. 그래야 통일이라는 핵심 가치를 구현할 전략적 유연성도 기대할 수 있고요. 그래서 저는 지금 여야의 잠재적 대선주자들한테 묻고 싶습니다. 김무성한테, 박원순한테, 안철수한테, 반기문한테, 문재인한테, '당신들이 감당해야 할 통일이라는 핵심 이슈를 얼마만큼 내면화하고 있는가, 그 가치를 실현하기 위해 골백번이라도 고개를 숙일 만큼 전략적 유연성을 발휘할 각오와 준비가 되어 있는가', 하고 말이죠.

지승호: 가치를 내면화한다는 게 어떤 의미일까요? 단순히 배운다고 해서 되는 일이 아닐 텐데요.

고성국: 선거 때가 되면 방송에 나와서 하는 말이 있죠. 통일을 위해서 이렇게 하겠다, 저렇게 하겠다, 그런 건 누구나 할 수 있어요. 통일 전문 학자들이 정리해준 걸 외우면 되니까요. 그래서 우리가 "통일을 어떻게 할 거냐?" 하는 질문을 "당신은 통일을 위해서 뭘 하고 있느냐, 통일을 위해서 뭘 준비했느냐?" 이렇게 바꿔야 해요. 국민의 엄중한 질문이 지도자로 하여금 더욱 노력하게 합니다. 그래야 말이 아닌 실천으로 이어질 수 있어요. 국민이 요구해야 합니다.

지승호: 아까 통일에 대해 그 누구보다도 고민을 하고 실천했던 대통령이 김대중이라고 말씀하셨는데요, 그렇다면 차기 대권 후보는 김대중 대통령의 정책을 계승해야 한다고 보시는 건가요.

고성국: 김대중 대통령에 대한 평가가 그렇다고 해서, 그 정책을 오늘날 그대로 이어가야 하는 것은 아닙니다. 시대적 상황이 다르잖아

요. 그때는 그때에 걸맞은 정책을, 자기 정치 생명을 걸고 밀어붙이는 게 맞아요. 새로운 시대에 걸맞는 통일 정책을 들고 나와야죠.

지승호: 구체적으로 김대중 대통령이 통일을 외쳤던 시대와 지금은 어떤 차이가 있을까요?

고성국: 세계는 하루가 다르게 변화합니다. 9·11 이전과 그 이후의 세계가 달랐듯이, 1차 남북정상회담 때와 지금이 다릅니다. 천안함 사건, 연평도 포격 사건 이후가 다르고, 북한의 장성택 실각 이후가 또 다르죠. 그 부분에 대한 면밀한 탐색이 필요합니다.

지승호: 이번에는 박근혜 정부와 새누리당 입장에서 생각을 해보지요. 그쪽에서 정권을 계속 유지하려면 어떻게 해야 한다고 보십니까?

고성국: 우선 박근혜 정부의 성공이 다음 대선에 영향을 미칠까 하는 문제는, 앞서 말씀드린 바와 같이 영향이 미미할 것이라는 겁니다. 대선은 미래 권력을 뽑은 것이니까요. 유권자들 마음이 그렇습니다. 야당에서 자꾸 과거 권력을 심판하자고 나서는데 그건 잘못된 전략이에요. 총선은 그럴 수 있어요. 중간 평가 혹은 현재 권력을 심판하는 성격이 강하니까요. 평가하고 심판하자, 지금이라도 견제할 힘을 달라고 하는 정권 심판론이 설득력을 가질 수 있습니다. 하지만 그게 본질은 아니에요. 국회의원이건 대통령이건 앞으로 일할 사람을 뽑는 것이기 때문에 선거는 미래에 대한 선택입니다. 예컨대 실패한 정권의 핵심적인 역할을 한 사람이 다음에 또 나왔다. 그러면 책임론으로부터 자유로울 수가 없겠지만, 그래도 직접적인 관련이 없으면 문제가 안 됩니다. 우리 선거 풍토가 그래요. 박근혜도 이명박 대통령 재임시절에 여당 대표도 하고 했지만 국민들은 이걸 문제 삼지 않았습니다. 그래서 박근혜 정권의 행보가 차기 대선과 그다지 관련이 많

지 않다는 겁니다.

　다만, 박근혜가 대통령직을 제대로 수행하려면 어떻게 해야 하는가 하는 질문은 가능하겠지요. 지금 상황에서 성공적으로 국정을 수행하려면 어떻게 해야 하느냐, 우선 국정 의제를 재정립해야 합니다. 대통령은 막강한 권한을 갖고 있지만 일일이 다 챙길 수는 없는 자리입니다. 따라서 선택과 집중이 필요합니다. 핵심 이슈를 선택하고 여기에 모든 역량을 집중해야 해요. 그게 통일이라면 통일일 수 있고, 국민통합이라면 통합일 수 있습니다. 그런데 지금 통일 대박론을 떡하니 띄워놓고는 책임을 안 지잖아요. 집중을 해야죠. 경제활성화도 좋고 국가 개조도 좋지만, 후속조치가 더 중요한 거예요. 국가적 어젠다를 설정했으면 그에 상응하는 후속조치가 이어져야 합니다. 그게 바로 대통령이 해야 할 일이에요. 설령 한계에 부딪힌다 하더라도, 그래야 할 말이 있죠. 내가 이렇게 열심히 했지만 부족해서 여기까지밖에 못 왔다. 그러면 국민들이 이해를 못 하겠어요? 그런데 이건 이슈만 던져놓고 마니까 지지율이 떨어질 수밖에 없는 겁니다. 지금이라도 이것만큼은 역사적으로 승부를 걸겠다는 마음으로 임해야죠. 거기에 온갖 역량과 혼을 불어넣으면 어쨌든 성과가 나오지 않을까요? 그걸로 국민의 평가를 받아야죠. 내가 최선을 다하면 국민은 그만큼 평가를 해줍니다. 그래야 성공한 정권으로 남을 수 있어요.

지승호: 기대가 컸던 노무현 정권이 국민적 지지를 받지 못한 것도 그런 이유일까요?

고성국: 그렇습니다. 예컨대 임기 초기에 검찰개혁을 내걸었다가 흐지부지됐지요. 대통령이 TV 토론회에 나와서 평검사랑 '맞짱'을 뜬다고 해서, 토론 한 번 한다고 해서 개혁이 될까요? 이 외에도 비슷한 개혁을 몇 차례 시도하다가 저항에 부딪히니까 "대통령 못 해먹겠다"고 얘기했잖아요. 노무현이 집권 5년 동안 자기 어젠다라고 할 만한 것이 없었어요. 대선 전에 내걸었던 개혁적 이슈들이 재임기간 동

안 흐지부지됐습니다. 대통령이라는 막강한 권력을 가지고 있었음에도 국민적 기대를 실현시키는 데 부족했던 겁니다.

"잃어버린 600만 표"의 의미

지승호: 1998년에서 2007년까지 상대적으로 진보적 가치를 내세운 민주당이 집권했지만 이후 연속으로 보수세력에 정권을 내줬습니다. 그럼에도 아직 제대로 된 반성이랄까 그런 움직임이 없는 것 같은데요. 그 이유가 뭐라고 생각하십니까?

고성국: 왜 정권을 내줬느냐. 답은 간단해요. 중간층을 끌어오지 못해서 그렇습니다. 이건 본인들도 잘 아는 거예요. 운동장이 기울어졌다고 하잖아요. 객관적으로 불리한 상황에서 경쟁한다는 걸 알아요. 그러면 중간층을 최대한 공략해야죠. 그렇게 해서 운동장을 반대편으로 기울어지게 해야 하잖아요. 자기들끼리 백날 모여봐야 소용없습니다. 역대 선거의 포인트는 언제나 중간층이었어요. 그런데 실제로 그렇게 했느냐는 거예요.

지승호: 그럼 무게중심을 옮겨왔어야 했는데 그런 노력이 없었다는 거네요.

고성국: 거기에 승부를 걸었어야 해요. 그런데 왜 그렇게 하지 못했느냐. 승리에 대한 열정이 부족했거나 안일했거나요. 손학규가 당 대표를 맡으면서 내세웠던 게 "잃어버린 600만 표를 찾아오겠다"였잖아요. 600만 표가 무얼 말합니까? 바로 수도권에 있는 중간층 표잖아요. 손학규는 이걸 알고 있었습니다. 그리고 몸으로 보여주었지요.

중산층 지역구인 분당에 출마해서 이겼잖아요. 야당(당시 민주당) 이름으로 수도권 중간층의 표를 모을 수 있다는 걸 입증했습니다. 그래서 자기가 당 대표가 되면 선거에서 이기고 정권을 찾아올 수 있다고 호소했습니다. 결국 당원들을 설득했고 대표가 되지요. 그런데 당 내부에서 손학규를 밀어줬느냐, 힘을 실어주지 않았어요. 밀어주지 않으니까 좌충우돌하다가 결국 좌초한 겁니다.

그 다음에 있었던 전당대회에서 너도나도 '선명성' 경쟁을 벌입니다. 전부 다 좌향좌, 진보성을 강조해요. 중도라는 단어가 사라집니다. 기울어진 운동장에서 이기려면 중간층을 끌어와야 한다고 그렇게 강조해놓고선, 막상 당권을 두고는 누가 더 진보적이냐로 따져요. 자기들이 내놓은 해법을 스스로 차버리는데 어떻게 이깁니까? 야성을 살리자는 얘기는 더 세게 가자는 뜻입니다. 보수여당과 대립각을 세우고 선명성을 강조하자는 거예요. 그러면 중간층이 따라올까요, 아니면 위압감을 느끼거나 거북해할까요? 지거나 말거나 일단 내가 옳다고 주장하려는 게 목적이 아니라면 이기는 전략을 따라가야죠. 집권보다 사회적 발언에 중심을 둔 소수 정당이라면 그럴 수 있습니다. 하지만 새정치연합은 제1야당입니다. 집권을 원한다면 그렇게 해서는 안 된다는 거예요.

지승호: 또 하나, 많은 사람들이 당내 계파 문제를 지적하고 있습니다. 특히 친노에 대한 비판이 많은데요. 여기에 대해서는 어떻게 생각하시나요?

고성국: 보수세력이 친노를 색깔론으로 공격하다 보니 진보로 오해하는 것 같은데, 저는 그렇게 보지 않습니다. 과거 노무현 정권은 삼성과 친밀한 관계를 유지했어요. 재벌과 어울리는 진보라는 건 어불성설입니다. 지금의 친노는 그냥 정치적 무리에 불과해요. 그들이 보이는 사적인 권력욕이 국민들로부터 멀어지게 하는 거예요. 이것은 비단 친노만의 문제는 아닙니다. 새정치연합이 극복해야 할 구조적

문제이기도 하고요.

지승호: 박사님은 지금 상황에서 새정치연합의 집권이 어렵다고 생각하십니까?

고성국: 지금 상황이라면 불가능합니다. 2012년 대선 패배 후에 대선평가위원회를 만들었잖아요. 그때 진단도 중간층 공략에 실패했다, 친노의 틀에 갇혀 있었다는 것이었잖아요. 그런데 지금 그런 한계를 극복하려는 모습이 보이질 않아요. 똑같은 오류를 반복할 가능성이 큽니다.

지승호: 당 내부에서도 논쟁이 치열했던 것으로 아는데요.

고성국: 문제는 옳은 줄 알면서도 그렇게 행하지 못하는 데 있습니다. 왜 졌는지도 알고 어떻게 하면 이기는지 뻔히 알면서 안 하잖아요. 이런저런 이유를 대면서 특정 정파의 이익을 대변합니다. 그러다 보면 당을 위한 해법이라기보다는 몇몇 사람들의 이익을 위한 방향으로 결론이 날 수밖에 없어요.

반기문 대세론

지승호: 화제를 돌려 볼까요. 새누리당의 유력한 대선후보는 누가 있을까요?

고성국: 당내에는 눈에 뜨이는 사람이 없습니다.

지승호: 내부 경쟁을 통해서, 혹은 새로운 인물의 영입을 통해 후보를 추대할 가능성은 없을까요? 예컨대 반기문 유엔사무총장 이야기도 가끔 나오는 것 같고요.

고성국: 반기문이 최종적으로 출마를 결정할지 안 할지 모르지만 지금으로선 유력한 후보임이 분명합니다. 여론조사 결과도 이를 뒷받침하고 있고요.

지승호: 지금 상황에서는 제일 유력하다는 말씀인가요?

고성국: 그렇죠. 가끔 본인이 고사 이유를 밝혔다는 이유로 후보군에서 제외하려는 사람들이 있는데, 저는 거기에 동의하지 않습니다. 그렇게 전망하는 사람들은 다른 누군가를 염두에 두고 있을 가능성이 큽니다. 평론가가 겉으로는 객관적인 척하지만, 사실은 줄을 서는 경우가 있어요. 반기문 총장은 유력한 예비 대선후보입니다.

지승호: 만약 현재 반기문 총장이 대세라면, 그리고 그분이 권력의 지가 있다면 이런 흐름을 관리해야 할 필요성이 있을 텐데요. 차기 대권을 잡으려면 어떻게 해야 할까요.

고성국: 지금으로선 그저 자기 일만 열심히 하면 됩니다. 가끔 언론

에 노출되는 것으로 충분해요. 언론의 속성상 아프리카처럼 가난한 지역에 가서 봉사하는 모습, 환자를 돌보는 모습 같은 게 실릴 수밖에 없어요. 한국인 출신 유엔 사무총장의 지위라는 게 언론의 주요한 취재 대상일 수밖에 없습니다. 자연스럽게 대세론이 관리되는 거예요. 괜히 오버하지만 않으면 됩니다. 여론조사에서 압도적인 1위 결과가 나오자 반기문 총장 측에서는 대권 출마설은 사실이 아니다, 유엔 사무총장 일에 전념할 수 있도록 국내 정치에 연계시키지 않았으면 좋겠다는 식의 성명을 발표합니다. 그러면 국민들이 고개를 끄덕일 수 있어요. 그런데 이걸 두고 동생들이 나서서 언론과 인터뷰를 하는 건 오버입니다. 그럴 필요 없어요.

지승호: 오히려 역효과를 낼 수 있다는 얘기네요.

고성국: 그렇지요. 정치를 모르는 분들이니 그럴 수 있습니다. 앞으로 대권을 염두에 둔다면 그런 발언들을 자제할 수 있어야 해요. 가만히 있으면 국민들이 알아서 판단합니다. 반기문 대세론은 계속 유지될 거고, 대선이 임박할수록 지지율은 더 높아질 거라고 생각해요.

지승호: 반기문 대세론이 만들어진 핵심적인 동력은 뭐라고 보십니까?

고성국: 일단은 유명하고요. (웃음) 대중이 누군지 잘 모르는 사람이 대세론의 주인공이 될 수는 없으니까요. 초등학교 교과서나 위인전에 나올 정도로 유명한 사람, 지금 우리나라에서는 반기문하고 안철수, 이렇게 두 사람입니다. 그동안 훌륭한 일도 많이 했고요. 국민적 관심이 쏠릴 수밖에 없습니다.

지승호: 안철수 현상하고 비슷하다고 볼 수 있을까요?

고성국 : 안철수가 새로운 정치에 대한 국민적 열망이 불러온 흐름이라면 반기문은 조금 다릅니다. 충청도 출신이라 중부권 대망론의 흐름을 흡수할 수 있고요. 유엔 사무총장을 비롯한 외교관 경력이 2017년의 주요 이슈가 될 통일 문제에 접근하는 데 좋은 도구, 통로가 될 겁니다. 안철수식 '새 정치'라는 것이 막연한 이미지에 기대고 있다면 반기문은 그보다 훨씬 구체적입니다. 그 점에서 반기문 대세론에는 거품이 덜하다, 지켜내기가 더 용이하다고 할 수 있는 거예요.

지승호: 2017년 대통령 선거에서 지금의 여당인 새누리당과 야당인 새정치연합은 각각 어떤 장단점을 갖게 될까요?

고성국: 말씀드렸다시피, 대통령 선거는 인물 중심이기 때문에 정당이 특별한 의미가 없습니다. 어떤 후보가 나오느냐 누구와 누구의 싸움이냐가 포인트지요.

지승호: 그래도 후보를 세우는 역할은 당에서 할 수밖에 없지 않나요?

고성국 : 저는 정당이 후보를 내고, 관리를 해서 당선시키는 것으로 그 역할이 끝난다고 보지 않아요. 이후로 들어선 정권에 대해서도 정당이 책임을 져야죠. 그런데 우리 정치 현실에서 이것은 이상에 불과합니다. 아직 우리 정치에 정당체제가 제대로 자리 잡지 못했기 때문이에요. 그런 상황에서 불과 몇 년 뒤에 치러질 대선에서 정당이 결정적인 역할을 하리라고 보지 않습니다.

지승호: 차기 대선과 관련해서 박사님은 반기문 총장이 유력하다고 말씀하셨는데, 만약 새누리당에서 반기문 후보를 내세운다면 야당이 어려울 거로 보십니까?

고성국: 야당은 강력한 후보를 세우는 길밖에 없습니다. 다음 대선에 보수와 진보 혹은 여야에서 각각 한 명씩 후보를 내고 반기문 총장이 새누리당 후보로 나온다는 전제에서 말씀드리죠. 예컨대 2012년 야권 후보 중 가장 경쟁력이 있었던 인물은 손학규였습니다. 그다음이 안철수, 그다음이 문재인이었지요. 당시 저의 평가가 그랬고 그 생각은 지금도 변함이 없어요. 하지만 그건 어디까지나 제 생각이고, 당시 통합민주당은 문재인을 선택했습니다. 앞으로 야권은 그런 과정을 한 번 더 겪게 될 겁니다. 사정은 여당도 마찬가지입니다. 누가 당선 가능성이 가장 크냐를 두고 고민하겠죠. 김무성, 김문수, 원희룡, 오세훈 등이 물망에 떠오르겠지만 저는 누구보다도 반기문이 가장 유력하게 거론될 거로 본다는 거예요. 새누리당이 반기문을 후보로 세웠다, 그러면 야권은 누굴 대항마로 내세우겠습니까. 저는 박원순이 아니면 어려울 거라고 생각해요. 결론적으로 말씀드리자면 저는 2017년 대선이 박원순 대 반기문, 반기문 대 박원순으로 짜일 가능성이 매우 크다고 봅니다. 야당 입장에서는, 박원순의 본선 경쟁력을 지금부터 키워야 해요. 문재인이 백의종군해야 하고 안철수가 자기 욕심을 내려놓아야 합니다. 이걸 하느냐 못 하느냐가 관건이에요.

지승호: 결국 계파를 뛰어넘어야 한다는 말씀이신가요?

고성국: 계파라기보다는 결단이겠죠. 문재인이, 안철수가 결단하면 되는 거예요. "나보다 박원순을 내세우는 것이 야권의 승리를 위해서 더 효과적인 것 같다." 이렇게 선언하면 게임 끝나는 거예요. 제 아무리 계파를 중요시하는 사람일지라도 선거 승리라는 명분을 거역할 수는 없는 거예요.

지승호: 당을 위해서 나를 희생하겠다, 이런 자세가 필요하다는 거군요.

고성국: 정치는 공적인 영역에서 이루어지는 행위이기에 그런 희생 역시 개인적인 차원을 뛰어넘습니다. 30년, 40년 정치를 하고 죽을 고비를 몇 번씩 넘겼다는 김대중과 김영삼도 그건 못 했거든요. 1987년 어렵게 일궈낸 대통령 직선제 정국에서 두 사람이 결국 등을 돌리고, 그 결과 민정당의 노태우가 대통령에 당선됩니다. 길은 분명하고 명료하지만, 실행이 어렵다는 거예요. 지금 새정치연합에는 비슷비슷한 경쟁력을 가진 주자들이 많습니다. 확실하게 어느 쪽으로 기울지가 않아요. 어중간합니다. 그래서 어느 한 쪽이 내려놓기가 어렵지 않느냐, 하는 거고요. 반면에 새누리는 다 약해요. 그래서 반기문 추대가 어렵지 않을 거로 보는 겁니다.

지승호: 안철수 전 대표의 경우 앞으로 어느 정도 정치적 역할이 있을 거라고 보십니까?

고성국: 하기 나름이지요. 안철수의 최대 강점이었던 '새 정치'를 실현해야 합니다. 지금까지는 별로 보여준 게 없잖아요. 기성 정치와의 차별성을 국민들에게 강하게 어필해야 합니다. 지금은 좀 시들해지긴 했지만 '새 정치'에 대한 국민적 여망은 여전히 유효하고요. 이러한 흐름을 잘 파악해서 대응해야 할 거로 봅니다.

지승호: 문재인 의원에 대해서는 어떻게 생각하십니까? 친노 진영에서는 여전히 가장 강력한 대선후보라고 생각하고, 다른 쪽에서는 문재인으로는 어렵다고 생각하는 것 같은데요.

고성국: 문재인이라는 인물의 파괴력은 이미 지난 대선 때 검증되었다고 봐요. 앞으로 그보다 더 큰 지지를 얻을 가능성은 크지 않습니다. 좀 더 구체적으로 분석을 해보면, 지난번 대선에서 문재인은 야권을 아우르는 대표성을 가지고 있었습니다. 그런데 지금 문재인을 야권의 대표로 인정하는 사람이 별로 없어요. 친노의 대표라고 생각

하죠. 전체 야권을 대표하는 사람에서 한 계파의 수장으로 전락한 거예요. 지난 대선 때는 마음에 안 들어도 이겨야 하니까, 새누리당을 꺾어야 했으니까, 야권 지지 세력이 문재인을 선택했습니다. 그런 대의명분이 이제 사라져버린 거예요. '범야권 단일후보'라고 하는 그 깃발, 과거에 김영삼, 김대중도 갖기 힘들었던 깃발이지요. 그걸 가지고 싸웠기에 1400만 표가 넘게 나왔던 겁니다. 지금의 문재인이 그만한 파괴력을 가질까요? 이 점이 의문이라는 거예요. 계파의 테두리를 벗어난다면 가능성이 아주 없지는 않겠죠. 그건 문재인 본인도 잘 알고 있을 겁니다. 그래서 때만 되면 계파는 없다, 해체 선언을 하겠다고 하잖아요. 그게 자기 덫이라는 걸 아는 거죠. 문제는 그걸 넘어설 용기가 있느냐예요.

지승호: 계파의 한계를 넘어설 방법은 무엇이 있을까요?

고성국: 가만히 있으면 됩니다. 다음 총선에서 자기 계파 챙기는 그런 작은 정치를 하지 말아야 해요. 야권의 상징적 존재로 있으면 기회가 올 수 있다고 봅니다. 그런데 이게 가능하겠느냐, 주변 사람들이 그냥 두질 않을 거거든요. 그들의 눈에는 가만히 있는 게 죽음의 길처럼 보일 테니까요. 그래서 어려운 거예요. 문재인의 개인적인 욕심 때문이 아니거든요. 자기는 그러고 싶지 않아도 어제까지 함께했던 동지들이 하나 둘 나가떨어지는 걸 두고 볼 수 있겠느냐는 거예요. 과거 김영삼이 3당 합당할 때 그랬습니다. 합당 후 1992년 총선 때 공천권을 민정계에 다 넘겨요. 상도동계는 다들 죽는다고 난리였습니다. 김영삼이 그걸 감내한 거예요. 김대중도 비슷합니다. 대선을 한 달쯤 앞두고 DJP 연합을 했잖아요. 그때 김대중이 김종필 측에 했던 제안이, 국무총리 주고, 경제관련 장관 주고, 경제관련 공기업에 대한 인사권도 주겠다고 했어요. 평생 김대중 쫓아다닌 사람들이 얼마나 반대했겠어요. 정권의 절반을 내주고 무슨 일을 하겠느냐면서 극구 만류했습니다. 그런데 그걸 감행한 거예요. 실제로 김대중 정

권에서 김종필이 이탈하기 전까지 한 2년 동안은 동교동계가 공기업에 거의 취직을 못 했어요. 그 정도 떼어줄 각오는 해야 하는 겁니다.

지승호: 지금 시점에서는 김영삼이나 김대중 같은 카리스마를 가진 정치인이 나오기 힘들지 않을까요?

고성국: 정치적인 감각, 결단력, 자기를 따르는 사람들에 대한 권위와 설득력, 이런 것들을 보면 그들은 타의 추종을 불허하는 인물들이었습니다. 역으로 말하면, 그 정도 자질을 갖추어야 대통령이라는 자리에 오를 수 있다는 것이지요.

정치권의 '민심 난독증'

지승호: 정치를 하려면 민심을 제대로 읽어야 할 텐데요, 지금 야권을 보면 극심한 민심 난독증이라는 말이 나오지 않습니까? 박사님은 현장에서 직접 민심을 파악하기로 유명하신데요. 어떻게 보십니까?

고성국: 야당뿐만 아니라 정치권 전체의 문제예요. 그런데 정작 한 사람 한 사람 만나보면 그렇지가 않거든요. 억울해할 정치인들이 많습니다. 국회의원만 해도 항상 민심의 동향에 촉각을 곤두세울 수밖에 없기 때문에 민심의 향배랄까 이런 것에 대한 동물적인 감각이 있습니다. 여론조사 전문가들보다 훨씬 더 민심에 밝은 것이 지금의 정치인입니다. 그런데 막상 뭔가를 결정할 때 보면 국민여론과 동떨어져 있거든요. 왜 그럴까요? 우선 대통령과 청와대가 민심과 떨어져 있죠. 그리고 정부부처 장관, 차관들이 민심과 떨어져 있습니다. 그

런데 정책을 결정하는 건 그들이거든요. 그쪽에서 밀어붙이면 여당 국회의원으로서는 동조할 수밖에 없습니다. 만약 야당이 반대한다고 해서 거기에 동조하면 배신자가 되는 거예요.

야당의 입장에서는 어떨까요? 대권주자들과 당 지도부 때문에 국민과 동떨어진 결정을 내리게 됩니다. 대권주자들의 행보라는 게 크게 보면 민심하고 같이 가지만, 국면 국면에서는 다르게 갈 때가 있어요. 예컨대 승리를 위해서는 중간층 공략을 해야 한다는 걸 잘 알지만, 당장 당권 경쟁을 하게 되면 선명 야당을 주장할 수밖에 없는 거예요. 안 그러면 호남 유권자들 표가 줄거든요. 안 되는 줄 알면서도 당장 살아남으려면 어쩔 수가 없는 거예요. 그러면서 우왕좌왕하게 되는 거죠. 그러다 보면 국민들에게 '안 좋은 추억'이 계속 쌓이는 거예요. 대통령과 청와대가 민심을 모르는 이 상황을 근본적으로 혁파하지 않으면 집권당은 내내 민심과 멀어졌다는 욕을 먹게 되어 있어요. 마찬가지로 야권의 대권주자나 당 지도부가 자신의 대권 행보와 전략적 행보에 매몰되면 자주 민심과 동떨어진 결정을 하게 됩니다.

지승호: 2012년도 대통령 선거에서 범야권 후보인 문재인이 패배할 수밖에 없었던 원인을 다시 한 번 정리해주셨으면 합니다.

고성국: 박근혜가 워낙 강했지요. 개인적 매력이라는 점에서 박근혜가 앞섰습니다. 박근혜는 박정희, 육영수라는 배경이 워낙에 강력했으니까요. 문재인은 굳이 따지자면 노무현이라는 배경이 있었는데, 그러다 보니까 결집력이 좀 떨어졌지요. 단일화 이후에 안철수 세력을 끌어들이는 힘이 약했습니다. 사람을 끌어모으는 데는 대의명분도 중요하지만, 인간적인 매력이라는 게 작용하거든요. 안철수의 지원 여부를 떠나서 단일 후보로서 문재인이 그쪽 지지자를 끌어들이는 힘을 발휘했어야 했는데 조금 부족했던 겁니다.

그리고 중간층입니다. 당시 선거에서 100만 표 정도 차이가 났는

데, 보수 35%, 진보 25%의 고정표의 존재를 생각하면, 결과적으로 중간층에서 문재인이 박근혜보다 더 많이 가져왔다는 뜻이지요. 하지만 이길 만큼은 아니었던 겁니다. 당시 중간 표를 가져오기 위한 경쟁이 치열했습니다. 박근혜 쪽도 안심할 상황이 아니었기 때문에 중간층 공략에 공을 들였어요. 예컨대 전태일 동상을 찾아갔다가 문전박대를 당합니다. 그런 식으로 처절하게 한 겁니다. 역사 문제와 관련한 공세에 시달리면서 결국 아버지를 부정하는 대국민 사과를 할 수밖에 없었고요.[8] 저쪽이 저렇게 처절하게 나오는데 당시 야당에서는 유리한 국면에서 선거를 치른다는 생각에 안일하게 대처한 면도 있습니다. 결론적으로 리더십이 승패를 갈랐다고 봐요. 결국은 박근혜이기 때문에 어려운 선거에서 이겼고, 문재인이기 때문에 쉬운 선거에서 졌다고 보는 겁니다.

8) 박근혜 당시 새누리당 후보가 2012년 9월 24일 기자회견을 통해 "5·16, 유신, 인혁당 사건 등은 헌법 가치가 훼손되고 대한민국의 정치발전을 지연시키는 결과를 가져왔다"며 "이로 인해 상처와 피해를 입은 분들과 그 가족들에게 다시 한 번 진심으로 사과드립니다"라고 밝힌 것을 말한다.

지승호: 당시 야권에서 이길 방법은 어떤 것이 있었을까요?

고성국: 안철수로 단일화했다면 조금 더 선전하지 않았을까 합니다. 진영 논리에 훈련이 잘된 문재인 지지 세력이 흩어지지 않고, 중간층을 흡수하면서 유리하게 갈 수 있었겠지요. 안철수 바람의 근원이었던 '새 정치'에 대한 열망을 토대로 비정치적인 언술과 비정치적인 프로그램으로 박근혜와 싸웠으면 적어도 문재인보다는 나은 결과를 가져왔을 거라고 생각해요. 물론 그럼에도 승리를 보장할 수는 없었겠고요.

지승호: 비정치적인 언술과 프로그램이라면 무엇을 말씀하시는 건가요?

고성국: 그걸 이해하려면 안철수 현상에 대해서 알아야 합니다. 안철수에 열광했던 사람들이 그의 정치 비전이나 행동에 열광한 것이 아니거든요. 반대로 정치적으로 전혀 훈련되지 않은 자연인 안철수에 열광했던 거지요. 이를테면 '청춘 콘서트' 같은 경우도 정치인이었다면 그 자리에 청년 정책을 들고 나갔을 가능성이 많죠. 그런데 안철수는 젊은이들하고 어울려서 놀고, 그 사람들 얘기를 들어주는 콘서트를 한 겁니다. 그게 다른 거예요.

지승호: 안철수였다면 중간층의 지지가 좀 더 높았을까요?

고성국: 중간층 공략이라는 면에서만 본다면 손학규가 좀 더 유리할 수 있었습니다. 손학규의 행보를 살펴보면 이해가 쉬울 거예요. 선거에는 고전적인 흐름이랄까 방식이란 게 있습니다. 대통령 후보가 되려면 당내 경선을 거쳐야 합니다. 여기서 이기려면 선명성을 강조해야 해요. 보수는 더 보수로, 진보는 더 진보로 갑니다. 그랬다가 실제 선거를 앞두고는 중간으로 회귀한다든지, 하는 게 기존 선거과정에서 보여준 전형적인 모습이에요. 반대로 얘기하면 중간층이 선호할 만한 후보는 본선 경쟁력이 높아도, 당내 경선에서 밀릴 가능성이 많다는 겁니다. 덕분에 상대 당이 뜻밖에 횡재를 하는 경우가 종종 있지요. 손학규가 바로 그런 케이스입니다. 단도직입적으로 얘기하면, 문재인이 100만 표를 졌으면, 안철수는 50만 표를 졌을 것이고, 손학규는 혼전박빙이었을 거라고 저는 생각합니다. 대선 승패의 포인트를 중간층의 향배로 놓고 보면 그렇다는 거예요. 당내 경선에서 모바일 투표로 사실상 승리를 빼앗긴 손학규로서는 두고두고 통탄할 일이지요. 당원, 대의원에서는 손학규가 문재인을 이겼잖아요. 그런데 사상 처음 모바일 투표라는 것이 도입되면서 거기서 완패하죠. 결국 탈락합니다. 당원, 대의원들의 전략적 판단은 손학규를 선택했는데, 그걸 친노가 온라인 모바일의 힘으로 뒤집어엎은 겁니다. 그러면서 야당이 손학규, 안철수보다 더 왼쪽으로 간 후보를 선택했고,

그 흐름을 그대로 본선으로 가져간 바람에 차이가 커졌다고 보는 거예요.

지승호: 오픈 프라이머리(open primary), 모바일 투표, 이런 부분들을 정치 개혁이라고 주장하는 쪽도 있고, 한쪽에서는 정당을 죽이는, 정당 정치를 실패로 몰고 가는 길이라고 하는 분들도 계신데요. 여기에 대해서는 어떻게 생각하십니까?

고성국: 모바일이라고 하는 것은 21세기 정보화 시대를 사는 우리한테는 물과 공기 같은 존재잖아요. 많은 사람들에게 SNS는 이미 일상입니다. 정당도 그 안에서 존재하기 때문에 모바일뿐만 아니라 다양한 형태의 네트워크 환경에 맞게 변화하는 것은 당연한 일이지요. 따라서 그것은 개혁도 정당 죽이기도 아니에요. 사회환경이 변화한 것뿐입니다. 그런데 그것이 정당의 공식 후보자를 결정하는 데 결정적 영향을 미치게 되면 얘기가 조금 달라집니다. 다시 한 번 말씀 드리지만, 보수건 진보건 정당으로서 달라진 환경에 적응력을 키우는 건 당연합니다. 하지만 정당의 후보는 당원이 결정하는 거예요. 당원들의 의사가 올곧게 반영되어야 그걸 정당 후보라고 말할 수 있는 거지요. 그런데 당시 야권에서 도입한 모바일 투표는 비당원을 대상으로 했단 말이에요. 이건 정당으로서의 정체성을 포기한 것입니다. 앞으로 모바일은 훨씬 더 발전할 텐데요. 당원 참여 비율이 낮아지는 게 과연 정당정치에 바람직할까요? 정당 공천제를 없애야 할까요? 아니잖아요. 정당의 공식 후보자는 정당원이 결정하는 게 옳아요. 모바일이 단순히 수단에 불과했다면 문제가 되지 않았겠지요. 정당원이 현장에서 오프라인 투표를 하든, 집에서 모바일로 하든 상관이 없으니까요. 그런데 당시 국민참여경선이라고 해서 문을 활짝 열어 놓고, 일반인의 모바일 참여로 후보를 결정해요. 당연히 특정 후보에게 유리한 결과가 나올 수밖에 없는 겁니다. 야당도 이런 문제점을 곧바로 인식하고는 대선 끝나자마자 없애버리잖아요. 문성근이 얘기

하는 온라인 네트워크 정당하고는 다른 문제예요. 그건 정당원의 활동을 네트워크를 통해서 활성화시키자는 거잖아요. 비정당원이 공직 후보자 결정에 참여할 수 있게 하자는 국민참여경선, 오픈 프라이머리, 이런 것하고는 다르죠.

국민의 진짜 마음

지승호: 2010년도 지방선거에서 대부분 야권이 고전할 거라고 예상했는데, 박사님은 야권이 이길 거라고 말씀하셨고요. 2012년 총선에서는 상당수가 야권이 이길 거로 예상했었는데, 야권이 질 거라고 예상하셨습니다. 결과는 박사님의 예상이 적중했습니다. 선거 결과를 예측할 수 있는 근거는 무엇인가요? 정치적 상황을 판단하는 기준은 무엇인지 알고 싶습니다.

고성국: 저는 우선 국민여론을 봅니다. 정치평론을 하려면 기관에서 조사한 여론에만 의지하지 않고 진짜 국민의 마음을 알아야 합니다. 각자 자기들만의 방법이 있는데, 제 경우는 직접 만나지는 못해요. 시간도 부족하고, 술도 못 하는 사람이기 때문에 호프집에서 맥주 한잔 기울이면서 속 깊은 얘기를 나누거나 하지는 못합니다. 대신 언론을 통합니다. 예컨대 신문기사를 자세히 들여다보면 거기 국민의 생각이 숨겨져 있다는 걸 알게 됩니다. 기자가 아무리 자기 프레임으로 재단해도 날것 상태의 국민정서까지는 어떻게 못 하잖아요. 그걸 볼 수 있으면 되는 거예요. 〈조선일보〉를 본다고 보수적인 정서만 보이고, 〈한겨레〉를 본다고 진보적 정서만 보이는 것은 아닙니다. 보는 사람이 균형을 잡고 보면 〈한겨레〉에서도 보수적인 국민정서를 읽어낼 수 있고, 〈조선일보〉에서도 진보적인 국민정서를 읽을 수 있어요.

보는 사람의 시각과 마인드가 중요합니다. 편견을 버리고 지금 국민이 무슨 생각을 하는지 느낄 수 있어야 합니다.

이를테면 국회의원 상당수가 개헌에 찬성한다, 국민의 80%가 개헌이 필요하다고 대답했다, 이런 여론조사가 계속 나오잖아요. 저는 그건 올바른 여론이 아니라고 생각해요. 조사 문항을 어떻게 구성했느냐면, "대통령 5년 단임제가 문제가 있다고 생각하십니까?" 이러고 난 다음에 "개헌이 필요하다고 생각하십니까?"였거든요. 그럼 누구라도 그렇다고 대답하지요. 그래서 그런 조사결과가 나오는 겁니다. 그런데 국민들의 진짜 마음은 '그런 거 왜 묻나, 먹고살기 바빠 죽겠는데, 그렇게 할 일이 없어?' 이런 거예요. 나는 조사결과와 반대로 대다수가 개헌 문제를 중요하지 않다고 생각한다고 봐요. 그건 정치인도 마찬가지죠. 지금 당장 여야 국회의원한테 "개헌이 필요하십니까?" 하고 물으면 "현행 대통령 5년 단임제는 문제가 많아요. 개헌해야 합니다"라고 답하겠죠. 하지만 속으로는 '지금 지역구 예산이 문제지, 한가하게 그런 거 얘기할 땐가?' 이렇다는 겁니다. 여론조사 결과가 정말 국민의 마음을 대변하고 있느냐? 생각해봐야 한다는 겁니다. 여론조사의 이면을 보고 정확하게 국민의 마음을 읽어야 해요.

지승호: 그런 국민의 마음이 선거에도 그대로 반영된다고 보시는 건가요?

고성국: 제가 그동안 선거를 통해 알게 된 표심이랄까, 국민여론이라는 게 있어요. 첫째, 건방진 놈한테는 절대 표를 안 준다, 오만방자한 사람에게는 절대 표를 안 줘요. 대통령 선거든, 국회의원 선거든 똑같습니다. 잘난 척하고 오만방자하게 구는 세력 또는 후보는 백전백패합니다. 둘째로, 우리 국민은 사람을 보고 투표합니다. 정책이나 이슈가 아니에요. 예컨대 2011년도에 서울시 무상급식을 놓고 주민투표를 했죠. 당시 서울시장이던 오세훈이 시장직을 걸겠다고 했다가

결국 물러났죠. 저는 당시 무상급식이 아니라 무슨 이슈로 해도 졌을 거라고 생각해요. 서울시민이 무상급식을 지지했기 때문에 오세훈을 등진 게 아니라는 거예요. 오세훈이 꼴 보기 싫었던 겁니다. 직전 지방선거에서 가까스로 어렵게 재선이 되긴 했지만, 하는 꼴을 보니 정나미가 떨어진 거지요. 주민투표는 무모했다고 봅니다. 스스로 서울시장 자리를 걷어찬 거예요. 우리 국민은 사람을 보고 판단을 합니다. 박근혜 대통령 지지율을 두고 사람들이 이해가 안 간다고 하죠? 세월호 사건이 나고 지지율이 떨어지다가도 정상회담 한 번 하면 회복합니다. 소통이 안 된다고 비판하지만 지지율 변동 폭이 크지 않아요. 이건 왜 그러느냐, 사람 중심이기 때문입니다. 그게 아니라면 정책과 이슈에 따라 진폭이 커야죠. 한미, 한중 정상회담하고 FTA 하면 지지도가 80~90%로 올라갔다가 사건 터지고 소통 미흡하고 그러면 20~30%로 떨어져야 하잖아요. 이슈와 상관없이 그냥 그 사람이 좋은 거예요. 박근혜가 좋은 사람은 뭘 좀 잘못해도 상관없는 거고 그렇지 않은 사람은 마냥 싫은 겁니다.

지승호: 안보 이슈로 야권이 불리할 거라던 2010년 지방선거 때는 국민여론이 어떻게 형성되었던 거로 보십니까?

고성국: 당시 선거에서는 5월 24일이 굉장히 중요한 기점이었어요. 지방선거를 1주일 앞두고 이명박이 전쟁기념관에서 대북 제재조치를 발표합니다. 저는 그때 '아, 저 사람은 진짜 선거를 모르는구나.' 하고 생각했어요. 장소가 청와대였으면 조금 나았을지도 모르죠. 그런데 전쟁기념관이라니요. 아마도 극적 효과를 노렸을 거예요. 전쟁불사 분위기를 풍기면서 대북 강경책을 발표한 겁니다. 그전에 이미 천안함 사건으로 보수층이 결집하고 있었거든요. 그런데 여기서 새누리당이 오버를 한 거예요. 그래서 '이러다 진짜 전쟁이 나면 어떻게 하나, 이명박 말려야 해.' 이렇게 된 겁니다. 여론의 반전이라는 게 극히 미묘한 종이 한 장의 차이로 움직이는 거예요. 과유불급입니다.

넘지 않았어야 할 선을 넘은 겁니다. 그 시점에 여당 지도부가 오만방자했던 거예요. 확 밀어붙이자, 대통령이 직접 전쟁기념관에서 보수 총궐기를 선언하자, 북한 놈들 더 밀어붙이자, 이 선거는 우리가 이겼다… 이런 식이었던 거예요. 이걸 국민들이 다 본단 말이죠. 저 놈들 그냥 놔두면 위험해지겠다고 생각한 겁니다. 그래서 1주일 사이에 반전이 일어나요. 여론조사 공표 금지 기간이었기 때문에 아는 사람만 알고 있었겠죠. 제가 야당이 유리하다고 생각한 이유입니다.

지승호: 그와 반대로 2012년 총선에서는 지금의 야권이 오만했던 걸까요?

고성국: 2012년 총선 때는 이명박 정부가 헤매고, 여당은 홍준표 체제가 무너지는 상황이었습니다. 내홍이 심해서 박근혜와 이명박 양쪽 세력이 서로 죽일 듯이 싸우는 분위기였어요. 선거를 앞두고 그랬으니 많은 사람들이 여당의 참패를 예측하는 것도 무리는 아니었습니다. 당시 여당의 상황을 즐기던 야당에선 과반 이야기도 나오고 그랬어요. 저는 그때 두 가지를 보았습니다. 첫째는 야당이 오만방자하다, 둘째는 박근혜의 힘을 과소평가하고 있다는 것이었죠. 박근혜가 비대위원장이 돼서 선거 전면에 나서면 당시 야당의 '이명박 정부 심판' 프레임이 '미래 권력 선택'이라는 프레임으로 바뀌게 될 것이라고 생각했습니다. 게다가 박근혜가 전면에 나설 때 야당에서 여기에 맞설 상대가 없었어요. 문재인이나 손학규 어느 쪽도 나설 수 없는 상황이었거든요. 그러면서 선거 프레임이 바뀌고, 박근혜가 국면을 주도하게 된 거죠. 여전히 변수는 있었습니다. 새로운 국면에서 주도권을 잡으려면 정치혁신이 필요할 텐데 과연 박근혜가 그걸 해낼 수 있을까? 하는 것이었지요. 저는 박근혜가 비대위원장 되면서 공천 혁명을 통해 그것을 보여줄 것이라고 생각했습니다. 반면에 야권은 어느 쪽도 주도할 수가 없는 상황이었기 때문에 현역 의원 중심으로 공천하게 될 가능성이 크다고 봤고, 이를 근거로 당시 여당인 한나라

당이 이길 것이라고 예측했던 것이죠. 그것도 150석 가까이 압도적으로 이길 가능성이 크다, 그렇게 되면 박근혜 대세론이 대선까지 이어질 것이라고 했습니다. 실제로 결과가 그랬고요. 당시 야권 지도부가 오만방자했던 것, 박근혜라고 하는 리더십에 대한 대비가 없었던 것, 이 두 가지가 패인이었습니다.

정치평론의 정석

지승호: 박사님의 예측에 대해 반응이 어땠나요?

고성국: 총선이 끝나고 아직 대선이 있기 전이었죠. 당시 방송토론에서 제가 박근혜 대세론이 계속 갈 거라고 했을 때 반론이 이래요. 의석수는 여당이 이겼지만, 총 득표율에서는 야권 전체가 앞선다, 대선은 진영 대 진영이 뭉치는 것이기 때문에 이대로 가면 야권이 무조건 이긴다. 물론 그분이 야권에 힘을 실어주려는 의도로 그랬을 수도 있어요. 하지만 그건 현실을 전혀 모르고 하는 얘기예요. 총선과 대선의 성격이 완전히 다르고, 선거는 상대가 있는 것인데, 그런 기본적인 사실 관계도 배제하고, 그냥 총선 득표율 가지고서 따지는 건 비과학적인 판단입니다. 적어도 평론가라면 그래선 안 되죠. 야권에 혁신을 주문했어야 합니다. 그전에 왜 졌는지를 따지고 대선을 준비해도 될까 말까 한 상황에서 이대로만 가면 이긴다니, 결국 그런 안일한 대응이 대선 패배로 이어졌잖아요.

그런 평가야말로 심각한 이적행위나 다름없다고 생각해요. 당장은 듣기 좋은 소리겠죠. 평론가들이 한두 마디 던지면 그걸 받아서 '아, 우리가 진 게 아니구나, 다음엔 이긴대.' 이렇게 자위하는 겁니다. 그 이면에는 현상을 유지하려는 세력들의 이해관계도 있어요. 야권 지지자나 정치세력도 다양할 거 아닙니까. 어디나 기득권을 차지하고 있는 사람들은 '혁신'을 바라지 않아요. '그냥 이대로'주의입니다. 선거에서 졌을 때, 개혁 요구가 거셀 거 아닙니까? 이때, 사실은 진 게 아니다, 그냥 이대로 가면 된다는 얘기가 얼마나 듣기 좋았겠어요. 개혁과 승리를 가로막는 명백한 해당(害黨) 행위인 거죠. 혹자는 상심한 야권의 유권자들을 다시 불러 모으고, 승리의 확신을 주는 게 뭐가 나쁘냐고들 하지만, 선거는 거짓말로 안 돼요.

지승호: 국민들이 정치를 이해하는 데, 최근 들어 정치평론이 큰 영향을 미치고 있는데요. 정치평론은 이래야 한다는 철학 같은 게 있으시다면 말씀해주시지요.

고성국: 정치평론은 직업적으로 해야 합니다. 직업은 교수인데 평론을 부업으로 하는 건 좋지 않아요. 일의 성격이 다르니까요. 교수는 학문을 연구하는 사람이에요. 평론은 현상을 해석하고 대중과 소통하는 겁니다. 학문적 방식이 아니라 대중적 방식으로 해야죠. 학자도 소통을 합니다. 예컨대 학술논문지를 통해서 자기 의견을 전하죠. 읽는 사람이 소수일지라도 그것은 문제가 되지 않습니다. 학술 논문은 500부 한정판만으로도 충분합니다. 국회도서관과 각 도서관에 비치하는 것만으로, 1년에 단 한 사람만 찾아도 훌륭한 학문적 성과로 남을 수 있어요. 학문이란 그런 것입니다. 하지만 평론은 다르죠. 수천만의 유권자를 상대로 소통합니다. 이때 자기가 얼마나 아느냐는 중요하지 않아요. 정치학 교수가 정치평론을 잘할 거라는 생각은 미학교수니 훌륭한 예술작품을 만들 거라고 믿는 것만큼이나 어리석습니다.

정치평론은 이걸 업으로 하는 사람이 해야 해요. 그래야 국민들에게 훌륭한 정치평론을 보여줄 수 있어요. 학자가 논문에 목숨을 걸듯이 평론가들도 거기에 전부를 걸었을 때 질적으로 좋은 평론이 나오지 않겠어요? 작은 선거 하나를 예측해도 치열하게 할 수 있습니다. 직업으로 삼으면 '아니면 말고' 식으로 할 수 없잖아요. 만약 틀렸으면 이 때문에 상처를 받았거나 영향을 받은 사람들한테 반성하고, 용서를 구해야죠. 그리고 오류가 생긴 이유를 밤을 새워서라도 검토하는 게 올바른 평론가의 자세입니다. 그런데 실제로 우리나라에는 정치평론을 업으로 하는 사람이 많지 않아요. 돈벌이나 출세 수단으로 삼는 평론은 있지요. 유명세를 탄 다음에 이걸 무기로 정치권에 줄을 대거나 합니다. 그러면 평론이 천박해져요. 다른 마음이 있으니 그럴 수밖에요. 이런 사람들이 눈치를 보지 않고 정론을 펼 수 있을까요? 눈치 못 채게 할 수도 있겠죠, 적당하게 비판도 하면서. 하지만 세상 사람들은 다 몰라도 자기는 알잖아요. 자기를 속이면서 하는 평론이 올바른 평론일 리 없습니다. 그래서 일차적으로 정치평론은 업으로 해야 한다고 생각하고요.

두 번째가 평론은 과학적이어야 한다는 겁니다. 이건 기본입니다. 정치적 의도를 가지고 넘겨짚듯이 하면 안 돼요. 결과가 나온 대로 해야 합니다. 맞아 죽는 한이 있더라도 그래야죠. 그럴 자신이 없으면 정치평론은 접어야 해요. 술자리에서 가십처럼 나누는 정치 얘기와는 다르잖아요. 정치평론은 과학적 분석을 토대로 정직하고 객관적으로 해야 합니다.

세 번째로 들 수 있는 것이, 정치평론은 '예측'이라는 것입니다. 예측이 없는 평론은 평론이 아닙니다. 따지고 보면 모든 학문이 예측을 위한 것이죠. 정치학은 정치를 예측하기 위한 학문이고, 경제학은 경제를 예측하기 위한 학문입니다. 순수하게 지적 호기심을 충족시키기 위한 학문은 없어요. 아까도 말씀드렸듯이 정치평론은 대중과 일상적으로 소통하면서 대중의 직접적인 질문에 답해야 한다는 특성이 있습니다. 따라서 평론가는 매일매일의 정치 상황에 대해서 예측해야 해요. 대중들은 궁금해합니다. 이번 선거에서는 누가 이길까요? 여기에 대답하는 게 정치평론가의 역할입니다. 그런데 대다수는 예측하기를 꺼려요. 부담되니까. 틀리면 어떡하나, 하고는 빠져나갈 구멍부터 생각합니다. "그 질문은 적절하지 않은 것 같아요." "잘

하면 A가 이길 수 있을 것 같고, 잘못하면 B가 이길 것 같아요." 이런 건 예측이 아니잖아요. 평론이라고 할 수 없습니다. 구체적이고 직접적으로 예측을 해야 틀렸을 때 왜 틀렸는지를 분명하게 검토 할 수 있습니다. 그래야 고칠 수가 있죠. 그걸 피해서 두루뭉술하게 넘어가면 선거가 끝나도 남는 게 없어요. 평론가로서 발전이 없습니다. 무엇보다도 대중이 원하지를 않아요. 방송에 나와서 아무도 듣기를 원하지 않는 이야기를 주절주절하는 건 시청자들에 대한 예의가 아닙니다. 정치평론가라면 구체적으로 예측해야 해요. 예컨대 300개의 의석 중에 새누리당이 몇 석, 새정치연합이 몇 석이 될 것 같다, 어느 지역은 누가, 또 어느 지역은 누가 당선될 것 같다, 이렇게 세세하게 따져봐야 합니다. 그래서 평론을 직업으로 하는 사람이라면, 우리나라 246개 지역구가 머릿속에 들어 있어야 해요. 선거구도를 파악하고 지역구의 승패를 계산해서 비례대표까지 예측해서 정확한 숫자로 나와야 합니다. "대략 130~160석 사이가 되지 않을까요?" 그건 점쟁이들이나 하는 거죠. 과학적인 근거를 가지고 정확한 데이터를 제시할 수 있어야 합니다.

지승호: 품도 많이 들고, 직업인으로서 경제적인 면도 생각하지 않을 수 없을 텐데요.

고성국: 고통스럽죠. 공력이 쌓이려면 시행착오도 많이 겪어야 합니다. 최소한 10년 이상, 적어도 서너 번의 선거를 치러봐야 해요. 정치평론의 길을 가겠다고 결심했다면 어렵지만 거쳐야 하는 과정입니다. 누구도 강요하지 않아요. 스스로 하겠다고 했으니 감수하라는 겁니다. 자신이 없으면 다른 일을 알아봐야죠. 틀릴 수도 있어요. 사람이 하는 일인데 100% 맞출 수는 없죠. 대중들도 잘 알고 있습니다. 야구선수도 타율이라는 게 있잖아요. 4할이면 특급선수입니다. 10번 예측했는데 6번 헛방 쳤다고 평론가 그만두라는 사람은 없단 말이죠. 중요한 건 단 한 번을 맞추더라도 여기에 얼마나 공력을 기울

였느냐, 대충 운으로 맞춘 것이냐 아니면 과학적으로 분석한 거냐를 따져야 하는 거예요. 우연히 맞춘 사람은 발전이 없습니다. 어디서부터 잘못됐는지 무얼 빠트렸는지 검토하고 평가할 게 없잖아요. 평론의 질을 높이려면 그런 과정이 반드시 필요합니다. 앞으로 정치평론의 영향력은 더욱 커질 거로 봅니다. 대중들이 원하니까요. 이 흐름은 되돌릴 수 없어요. 지금은 종합편성채널이나 팟캐스트 같은 매체를 통하고 있지만 앞으로 SNS를 비롯한 다양한 매체들에서 정치평론에 대한 수요가 있을 거라고 생각해요. 당연히 영향력도 커질 거고요. 그렇기에 지금 정치평론의 원칙을 잡아줘야 한다고 생각합니다.

3부
새로운 정치의 가능성

민주주의와 설득의 정치

지승호: 박사님은 정치가 우리 사회에서 가지는 의미랄까 기능이 무엇이라고 보십니까?

고성국: 정치는 권력관계입니다. 정치평론은 그 권력관계를 대중들에게 보여주는 거고요. 권력이란 다른 사람들을 내 생각대로 움직이게 하는 힘입니다. 예컨대 누군가 아내와 자식들을 자기 생각대로 움직이면 그 사람은 가장으로서 권력을 가지고 있는 거죠. 학교의 담임 선생도 권력이 있습니다. 자기 반 학생들을 자기 의지대로 움직이게 할 힘을 현실적으로 가지고 있잖아요. 그런 의미에서 회사의 상사, CEO도 권력자입니다. 그중에서도 국민을 자신의 뜻대로 움직이게 할 수 있는 사람은 공적 권력을 가지고 있다고 말할 수 있습니다. 그런데 권력에도 방식이란 게 있어요. 상대를 어떻게 해서 움직일 거냐. 하나는 공포와 협박과 폭력적인 방식이 있습니다. 다른 하나는 설득이죠.

첫 번째 방식은 작동기간이 오래가지 않습니다. 예컨대 집에 강도가 들어서 "가진 것 다 내놔!" 하면서 칼을 들이댔을 때, 우리는 살기 위해 재산을 내놓을 수밖에 없습니다. 공포와 폭력으로 사람을 움직인 거죠. 그 순간만큼은 절대권력으로 군림한 겁니다. 하지만 강도가 물건을 훔쳐서 달아나고 현실적인 폭력이 사라지는 순간 그 권력은 소멸합니다. 시야를 넓혀서 국가의 공적인 권력을 생각해보죠. 마찬가지로 협박과 공포로 국민을 통제하는 권력을 행사할 수 있습니다. 우리는 이걸 독재라고 부르죠. 반대로 국민을 설득하면서 권력을 행사하는 방식을 민주주의라고 합니다. 독재가 민주주의보다 후진적인 정치 행태라는 건 따로 말씀을 드리지 않아도 될 거로 봅니다. 민주주의가 인간성을 존중하기에 더 선진적인 제도인 겁니다. 아시다시피 우리나라 정치역사는 첫 번째 방식에서 두 번째 방식으로 이행하는 과정이었습니다. 저는 현실에서 이 두 가지 방식이 혼재되어 있다고 봐요. 다만 민주주의 국가일수록 설득의 비중이 큰 것이지요. 예컨대 미국이 백악관 앞에서 시위가 끊이지 않는 민주주의 국가라고 하지만 폴리스라인을 넘어서면 군홧발로 짓밟는 폭력을 여전히 행사하거든요. 과거 전두환 정권 같은 아주 폭력적인 정권에서도 형식적으로는 체육관에 대의원들을 모아서 투표를 했습니다. 지구상 어떤 권력도 100% 설득의 방식으로만, 또는 100% 폭력으로만 자기 의지를 관철시키지 않는다는 거예요.

지금 우리 사회는 폭력의 방식이 주요했던 시절에서 설득의 방식이 주요한 사회로 가고 있어요. 사람마다 다르게 판단할 수도 있을 겁니다. 자기 경험에 따라서 설득과 폭력의 비율을 6대 4 혹은 7대 3이나 8대 2 정도로 볼 수도 있겠죠. 예컨대 광우병 쇠고기 수입반대 시위를 하다가 군홧발로 밟힌 사람은 여전히 우리나라가 폭력적이라고 생각할 거고요. 그 장면을 인터넷 동영상으로 보고 분노하면서도 '옳지 않은 일이지만 저건 소수 경찰관에 해당하는 문제야. 그렇다고 해서 우리가 과거 독재시절로 돌아간 건 아니지.' 하는 사람도 있을 거예요. 다양한 생각이 있을 수 있지만 대체로 설득의 방식이 폭력의 방식보다 비중이 큰 사회가 됐다는 데 이견이 없을 겁니다. 촘스키가 한국을 두고 2차 세계대전 후에 산업화와 민주화를 동시에 이룩한 나라라고 했을 때, 그 의미를 한국이 이미 설득의 방식이 지배하는 나라가 됐다는 뜻으로 이해해도 될 거예요. 이런 흐름을 근본적으로 부정하면 대화가 안 됩니다. 박근혜 정권을 독재로 규정하고 나서는 사람들이 있는데요, 저는 그건 좀 오버가 아닌가 싶습니다.

지승호: 진보진영에서도 시각 차이가 있는 거로 보입니다. 그 차이가 클수록 소통에 어려움이 있는 것도 사실이고요.

고성국: 어디나 극단은 존재합니다. 다만 진보건 보수건 국민과 소통하려면 극단의 목소리를 걸러낼 이성이 작동해야 한다는 거예요.

어느 나라나 말이 안 통하는 극좌나 극우는 있어요. 사회의 건강성을 기르면 됩니다. 저는 우리나라가 독재정권과 싸우면서 수많은 희생을 통해 민주주의를 일궈냈고 이제 설득의 방식이 주요한 사회로 갔다고 생각해요. 이런 전제하에서 말씀을 드리자면, 우리 정치에서 이러한 설득의 방식이 작동하는 가장 중요한 통로가 바로 '정당'이라는 것입니다. 대한민국 헌법은 정당주의를 선언하고 있어요. 그래서 각 정당에 국민 세금을 지원하고 있는 거고요. 그래서 저는 정당의 선진화가 한국 정치에서 가장 중요하다고 생각해요. 정당은 한국 정치의 핵심입니다. 그런데 사람들이 오해를 해요. 내가 지지하는 정당만 존재 이유가 있다고 생각합니다. 그렇지 않아요. 우리나라 정치가 발전하려면 새정치연합도 잘되어야 하고 새누리당도 잘되어야 합니다. 정의당이나 노동당 같은 소수 정당도 물론이고요. 그들이 우리 사회의 진보와 보수 목소리를 제대로 담아내야 우리 정치의 발전이 가능한 거예요. 그래서 정치평론가로서 저는 정파성을 배제합니다. 새누리당에서 오라고 하든 새정치연합에서 오라고 하든, 정당정치의 발전을 고민하는 자리라면 조건 없이 가서 제 생각을 얘기해줬던 거예요. 다른 분야의 평론은 몰라도 정치평론은 그래야 한다고 생각합니다. 그만큼 정당정치가 중요하기 때문이에요. 정치적 설득의 주요 통로인 정당의 발전을 위해 지속적으로 평론을 해줘야 한다는 거예요. 비판할 것은 하고 지지할 건 또 그것대로 해야죠. 그래야 한국 정치의 발전이 가능해요. 제가 정당정치, 정당과 대통령 권력에 관심을 두는 이유입니다.

지승호: 민주적인 방식으로 우리 사회가 문제를 해결해나가는 데 정치평론가로서 역할을 하고 싶다고 말씀하셨는데요. 평론가가 되고자 하는 사람이 준비해야 할 것은 무엇이 있을까요?

고성국: 자기 프레임을 가져야 합니다. 이것 없이 평론을 하면 서술이 됩니다. 그건 기자들의 영역이지요. 기자는 사건을 요약해서 간명

하게 서술하는 사람이거든요. 평론은 기자의 역할이 끝나는 지점에서 시작합니다. 대중들은 평론가에게 사실에 대한 분석을 기대합니다. 이걸 하려면 자기만의 프레임이 있어야 하고요. 그런데 이 프레임이라는 것이 한순간 영감처럼 찾아오는 게 아니에요. 엄청난 독서와 지적 훈련, 담금질을 필요로 합니다. 공부도 오래 해야 합니다. 대체로는 박사 과정에서 자기 프레임이 만들어집니다. 박사라는 학위는 '저 사람은 혼자 연구해도 될 정도로 자기 프레임을 갖췄다'고 인정하는 거예요. 꼭 정치학 박사여야 한다는 뜻은 아닙니다. 다만 그런 정도의 지적 담금질이 필요하다는 것이에요. 그런 과정을 거쳐 자기만의 프레임을 갖는 것이 정치평론에서는 중요하다는 말씀을 드리고요. 두 번째가 현장입니다. 현장을 모르는 평론가는 임상을 모르는 의사와 똑같습니다. 평론가는 어떤 형태로든 정치 현장을 알아야 해요. 정치학 교수는 현장을 몰라도 훌륭한 논문을 쓸 수 있습니다. 하지만 말씀드렸다시피 평론은 학문과 다르거든요. 정치평론가는 프레임과 현장을 겸비해야 합니다. 그런 평론이 많아져야 우리 정치도 발전할 수 있고요. 결국 국민들의 감식안이 높아져야 합니다. 자기 귀에 맞는 소리, 듣기 좋은 소리 한다고 좋은 평론가가 아니거든요. 틀린 얘기를 하면 틀렸다고 지적을 하고, 말도 안 되는 억지 주장을 하면 채널을 돌려야 해요. 사실을 왜곡해서 곡학아세를 하는 것 같으면 그 신문을 끊어야죠. 소비자 운동을 하듯이 국민들이 올바른 평론과 그렇지 않은 평론을 걸러줘야 합니다.

지승호: 소비자 자체가 당파성에 빠져 있는 상황이면 어렵지 않을까요? 대중의 속성상 자기가 듣고 싶어하는 얘기를 듣고자 하는 경향이 있으니까요.

고성국: 그렇습니다. 하지만 그 부분도 설득이 가능하다고 봐요. 자기가 옳다고 생각하는 걸 관철시키려면, 그런 권력을 유지시키려면 당파성에서 벗어나야 하기 때문입니다. 제가 일전에 '가스통 할배'

들과 논쟁을 벌인 적이 있어요. 어떤 행사에서 이분들이 떼로 몰려와서 자기주장들을 펴더군요. 한 시간 정도 저와 논쟁이 있었는데, 핵심은 이렇습니다. 선거에서 이기고 싶은가? 그렇다. 그러면 가스통을 버리고, 모바일을 들어라. 선거에서 이기고 싶은가? 그렇다. 그러면 아스팔트를 버리고, 책상 앞에 앉아라. 처음엔 완고하던 사람들이 나중엔 설득이 되더라고요. 저도 우리 사회의 속성상 대중들이 당파성을 버리기가 어렵다는 것을 잘 알고 있습니다. 진보가 당파성의 한계를 벗어나야 한다, 계파의 벽을 넘어서야 한다고 백날 얘기해봤자 잘 안 돼요. 하지만 그들이 진정으로 이기고 싶다면, 또 그들을 설득할 의지가 있다면 불가능하지는 않다고 봐요. 단, 그러려면 설득하려는 사람이 먼저 자기를 내려놓아야 합니다. 맞아 죽을 각오로 비판의 날을 세워야죠. 아직 우리나라에서 그런 평론가는 찾기 어렵습니다. 현실에선 대중에 영합하고 선동하는 평론가들이 훨씬 많아요. 저는 진보진영이나 야당 당파성을 가진 평론가들도 이런 비판으로부터 자유롭지 않다고 생각합니다.

정당정치를 살리는 길

지승호: 정당정치의 중요성에 대해 말씀해주셨는데요. 우리나라의 정당정치가 잘 되려면 어떤 노력이 필요할까요?

고성국: 우선 대중이 정당에서 자유로이 뛰어놀 정도가 되어야 합니다. 우리나라는 거의 모든 정당이 대중정당을 표방하고 있어요. 계급정당을 선언한 정당은 하나도 없어요. 그러니까 원칙대로라면 특정 계급이나 특정 정파가 아니라 모든 국민이 와서 뛰어놀 수 있는 정당이어야 하는 겁니다. 국민들이 정당을 자기 집처럼 편하게 생각할

수 있어야 하고 유력한 커뮤니케이션 수단으로 여길 수 있어야 합니다. 그것이 진정한 대중정당의 면모이지요. 우리나라 정치인들도 이러한 사실을 잘 알고 있어요. 그래서 맨날 정당을 국민한테, 공천권을 국민한테, 공직 후보자 선출권을 국민한테, 하는 구호들이 난무하는 거고요. 문제는 실천이지요. 만약 진짜로 정당 공천권, 정당의 정책 결정권, 이런 것들을 당원들에게 넘겨주면 우리나라 정당은 획기적인 발전을 이룰 수 있습니다. 자기가 속한 당의 주요한 정치 노선을 결정하는데 어느 당원이 애착을 안 가질 수 있겠어요. 그러면 그 정당은 살아 있는 거예요. 국민 대중이 정당의 주인 노릇을 하게 되는 겁니다. 정당이 훨씬 더 역동적으로 변화합니다. 변화하는 국민여론이 시시각각 당의 정책으로 반영되지요. 이것을 잘 따를 사람들이 정당의 지도부가 되겠지요. 선진국의 주요 정당들이 그렇게 하고 있습니다. 두 번째로 말씀드릴 것이, 젊은 층의 정당 참여입니다. 역동적이고 활동적인 세대가 정당에 참여할수록 그 정당이 더 활성화될 것이고요. 그러다 보면 정당정치가 기성세대의 관점에서 벗어나 점점 젊어지고 새로워지겠지요.

문제는 모두가 알고 있는 답을 실천할 용기가 있느냐 하는 것이에요. 지금의 낡고 기득권 중심의 정당 체제를 바꾸려면 일대 결단이 필요한 거예요. 예컨대 주요 지도자들 중에서 단 한 명이라도 낡은 정당을 새롭고 활기찬 정당으로 바꾸는 데 자기 정치생명을 걸겠다고 나서면 되거든요. 기득권세력의 반대가 있지 않겠느냐고요? 정당원들을 설득하면 됩니다. 당의 주요 정책을 결정하는 데 소외된 수많은 평당원들이 있잖아요. 새누리당에도 있고 새정치연합에도 있습니다. 이들에게 자기 진정성을 보이고 실제로 정당 혁신을 위해 실천하는 모습을 보이면 마음이 움직일 거로 생각합니다. 그렇다면 이전에 정당 혁신을 주장한 사람들은 왜 대중의 선택을 받지 못했느냐, 확신을 주지 못했기 때문입니다. 당권이나 대권을 따내려고 그런다고 봤기에 과감하게 지지할 수 없었던 거예요. '이 사람이나 저 사람이나 다 똑같은데, 같은 값이면 우리 쪽 사람을 지지해야지.' 이래서 혁신이 안 됐던 겁니다. 만약 대중이 보기에 저 사람은 당권이나 대권에 관심이 없다, 오로지 당을 국민정당으로 거듭나도록 헌신할 사람이라고 느끼는 순간, 99%의 소외된 당원들이 나서는 거예요. 그러면 바뀝니다. 괜히 재야인사 영입하고 모바일 정당 만든다고 하면서 밖에서 찾을 필요 없어요. 100만 명에 이르는 당원들의 잠재력을 깨울 생각을 해야죠.

지승호: 결국 지도자의 의지, 결단, 헌신성 같은 것이 중요하다는 말씀이군요.

고성국: 저는 우리나라 정치는 철저하게 지도자에 의해서 결정이 된다고 생각합니다. 아무리 조건이 좋아도 문재인을 후보로 내세우면 지는 거고 아무리 열악해도 박근혜를 후보를 내세우면 이길 수 있는 것이 우리나라 선거예요. 그만큼 지도자가 절대적입니다.

지승호: 정치 지도자로서 갖춰야 할 자질에 대해 좀 더 말씀해주실 수 있을까요?

고성국: 정치 지도자는 우선 공적 인간이어야 합니다. 정치라는 것이 '공적 결정'이잖아요. 사람은 태어나서 죽을 때까지 대체로 사적인 영역에서 지냅니다. 공적인 영역과는 그 메커니즘과 원리가 달라요. 사적인 영역은 개인의 이해관계에 따라서 움직입니다. 가정에서 학교에서 직장에서 지역사회에서 교회에서 개인의 사적 이익을 따라 움직이게 되어 있어요. 그러한 행동을 도덕적으로 비난하지 않아요. 외려 미덕으로 칭송됩니다. 헌금 많이 한다고 욕하는 교회 있나요? 반면에 공적영역은 그 반대로 사적 이해관계를 배제해야 합니다. 사적영역에서 들인 습관을 그대로 가져왔다간 실패하기 십상이죠. 흔히 우리는 사적영역에서 성공했기 때문에 공적영역에서도 잘할 거라고 생각합니다. 그러나 현실은 오히려 그 반대입니다. 사적영

역에서 성공한 사람일수록 공적영역에서 실패할 확률이 높아요. 이명박이 대표적인 경우죠. 이명박은 기업인으로 승승장구했습니다. 기업이라는 게 사적 이익추구를 목적으로 하는 조직이잖아요. 그런 사람을 대통령으로 뽑아 놓으니 어땠어요. 여전히 사적 이익을 좇아서 열심히 돈벌이를 했잖아요. 5년 동안 권력을 사유화하고 측근 몇 사람들에게 권력을 나눠주고, 그 권력을 이용해서 돈벌이를 합니다. 그랬더니 사람들이 욕을 해요. 이명박 입장에서는 억울한 거예요. 자기 하던 방식대로 한 것뿐이니까요. 문제는 우리가 그런 사람을 공적영역의 최고 의사결정권자로 뽑았다는 사실이에요. 정치인은 사적영역에서 성공한 사람이 아니라, 공적영역의 논리와 가치를 체현한 사람이어야 합니다. 능력은 그다음이에요. 공인으로서 자질이 있느냐를 따질 때 그렇다는 겁니다.

평생 기업에서 사적 이해관계로 움직인 사람이 어느 날 갑자기 정치에 입문한다고 해서 짠 하고 공적 인간으로 변신할 수 있을까요? 불가능합니다. 담배를 끊어도 몇 달간 금단 현상에 시달리는 게 사람이에요. 공적 인간은 오랜 기간 훈련을 통해서 길러집니다. 보통 정치에 입문해서 10년, 20년, 담금질해야 하는 거예요. 30~40년을 훈련해도 숙성되지 못하는 경우가 비일비재합니다. 그만큼 어렵다는 거에요. 대중들이 특히 이러한 점을 깨달아야 해요.

두 번째 덕목으로 꼽을 수 있는 것이 통찰력입니다. 왜 통찰력이 중요하냐. 정치인은 '결정하는' 사람이거든요. 정치인은 결정하고 관료는 실행합니다. 이게 공적영역에서의 역할이에요. 결정을 한다는 것은 그 사안을 둘러싼 맥락을 이해한다는 뜻이기도 합니다. 세상에 작은 문제 하나도 일면만 생각해선 안 돼요. 고려해야 할 측면이 반드시 있는 것입니다. 간단한 정책이라도 최소한 서너 개의 부처가 연관되어 있을 거고요. 이쪽 말 들으면 이게 맞고 저쪽 말 들으면 또 저렇게 해야 할 것 같아요. 다원화된 사회일수록 어떤 사안을 판단할 때 고려해야 할 것들이 많습니다. 이때 올바른 선택을 하려면 핵심을 간파할 수 있어야 해요. 그렇지 않으면 이해관계자들에게 끌려다닐 수밖에 없어요. 정치권력이 관료들에게 포위당했다는 소리가 나오는 것도 바로 그런 이유 때문입니다. 관료들이 대통령보다 힘이 세졌다는 게 아니라 그만큼 주도적으로 판단하기가 어려워졌다는 얘기예요. 휘둘리지 않으려면 이 복잡다단한 문제를 간파할 수 있는 능력이 있어야 한다는 겁니다. 사안의 다양한 측면을 고려했을 때 내 기준은 이렇다, 정치적으로 이것이 옳다고 자신 있게 말할 수 있어야 해요.

세 번째가 정치력입니다. 정치인이라면 당연히 정치력이 있어야죠. 그중에서도 대통령이라면 특히 정치력이 커야 합니다. 그런데 이 정치력이라는 게 정치를 오래 했다고 해서, 많이 안다고 해서 생기는 것이 아니거든요. 정치력은 인간에 대한 총체적인 이해에서 나옵니다. 혹자들은 전문성이야말로 정치력을 발휘하는 데 중요하다고 보는데 그렇지가 않습니다. 그렇다면 국회 재경위는 은행가들이 들어가야 하고 국방위는 군인들이 들어가야죠. 보건복지위는 의사들이 들어가서 결정해야겠군요. 물론 국회의원 중에서도 전문분야라는 게 있습니다만 정치력이라는 기준에서 볼 때 그건 부차적인 요소라는 거예요. 중요한 것은 인간의 보편적 가치와 눈높이에서 어떤 사안을 판단할 수 있느냐 하는 것입니다. 지식은 빌리면 돼요. 우리나라에 기술자들은 차고 넘쳐요. 100만 관료들이 전부 다 전문가들입니다. 정치인은 정책의 우선순위를 매기고 제대로 된 인사를 해야 합니다. 견해가 다른 사람과 협상도 하고 서로 만족할 만한 결론을 이끌어내야 하죠. 인간에 대한 깊은 이해가 필요한 이유예요. 지금까지 말씀드린 세 가지, 공인의식과 통찰력, 정치력은 정치 지도자가 가져야 할 최소한의 조건이에요. 저는 이것을 판단기준으로 삼습니다.

지역주의와 레드콤플렉스의 종말

지승호: 한국 정치를 저해하는 요소 중의 하나로 지역감정이나 레드 콤플렉스를 예로 드는데요. 지금도 여전히 유효하다고 보시는지요.

고성국: 레드콤플렉스는 2010년 지방선거를 계기로 사라졌다고 봅니다. 여전히 작동할 수는 있으나 유의미한 변수가 못 된다고 생각합니다. 당시 청와대와 여당 쪽에서 이걸 이용하려다가 역풍을 맞았잖아요. 앞으로도 레드콤플렉스를 들고 나오기는 어렵다고 봐요. 실제로 2012년 대선에서 박근혜 쪽 이념공세가 별로 없었죠.

지승호: 당시 국정원의 온라인 댓글 사건이 있지 않았나요?

고성국: 시대착오적인 사람들이 저지른 일이지요. 과잉충성이 낳은 결과라고 봅니다. 실제로 댓글 조작이 선거결과에 결정적인 영향을 미친 것은 아니고요. 더구나 이후에 진행된 상황을 뻔히 지켜본 사람들이 또다시 그런 일을 저지를 거라고 보긴 어렵죠.

지승호: 지역감정은 어떻습니까?

고성국: 지역주의는 여전히 존재합니다. 하지만 다음 선거에서는 결정적 변수로 작용하지는 않을 거로 봅니다. 헌재 결정으로 어떤 방식이든 지금의 소선구제를 손봐야 하기 때문입니다.[9] 중대선거구제가

9) 2014년 10월 30일 헌법재판소는 공직선거법 25조 2항의 선거구 구역표에 대해 "인구 편차를 3 대 1 이하로 하는 기준을 적용하면 지나친 투표가치의 불평등이 발생할 수 있다"며 헌법불합치 판결을 내린다. 이에 따라 국회는 2016년 국회의원 선거 이전에 선거법을 개정해 선거구를 인구 편차 2 대 1 이하로 확정해야 한다. 중앙선거관리위원회는 인구 편차 기준을 바꿀 경우, 서울과 부산 등 대도시는 선거구가 늘어나고 호남과 강원 등 농어촌 지역은 선거구가 줄어들 것으로 전망하고 있다.

도입된다면 현재의 지역 패권 구도가 많이 흔들릴 것이고, 소선거구제를 그냥 두고 선거구만 조정한다고 해도 영호남 지역 의석이 심각하게 줄어들거든요. 지역주의가 특정 지역에서 힘을 발휘할 수는 있어도 정치권 전체에 미치는 영향력은 대폭 줄어든다는 겁니다. 영호남의 민심이 대선이나 총선 결과를 좌우하는 일이 없어질 거라는 거예요. 물론 한국 사회에서 지역주의라는 게 워낙에 뿌리가 깊다 보니 한순간에 사라지는 않을 겁니다. 후보들이 유혹을 느낄 수 있어요. 하지만 세월이 많이 흘렀잖아요. 호남 소외론만 해도 김대중 정권이 들어서면서 해소된 부분이 있고요. 호남 기반의 영남 후보로 나선 노무현이 정권을 잡으면서 영호남 대결구도도 많이 약해졌습니다. 어쨌거나 현재의 결정으로 지역 선거구도가 유의미하게 바뀔 것이기 때문에, 이 상태대로라면 우리가 선거를 분석할 때 늘 절대적 변수로 생각했던, 지역 패권주의는 지금까지와 같은 규정적 영향력으로는 작동하기 어려울 것이라고 생각합니다.

지승호: 당장 2016년 총선 때부터 달라질 수 있다는 건가요?

고성국: 네, 그렇습니다. 2015년 말까지 선거구가 개편되고, 거기에 따라서 총선이 치러지니까요. 앞으로는 지역보다는 세대 변수가 더 중요해질 겁니다. 지역주의가 사라졌다기보다는 선거에 영향력을 미칠 통로가 좁아졌다, 혹은 시대가 흐르면서 유권자의 지역적 경향성이 약해졌다고 말할 수 있습니다. 시대 변화를 잘 못 읽는 사람들, 지역 패권주의를 자극해서 잔명을 유지하려는 이들은 분명히 있을 테지만, 전반적인 흐름을 뒤집진 못할 거예요.

진보 정당의 생존법

지승호: 진보 정당에 대해 살펴보았으면 합니다. 지금 진보를 표방하는 정당들이 거의 궤멸 수준인데요, 앞으로의 회생 가능성은 어떻게 보십니까?

고성국: 통합진보당의 정당해산 문제가 상당히 중요한 계기가 될 것인데, 저는 정당해산으로 결론이 날 가능성이 크다고 보고요.[10] 이를 계기로 진보세력의 정당 운동에 대한 관점이 재정립될 수밖에 없다고 봅니다. 좀 더 대중적으로, 국민들이 용납하고 이해하고 불편하지 않게 지지할 수 있는 정당으로 간다는 얘기입니다. 저는 정의당이 통진당에서 떨어져 나온 후에 적극적으로 자기 변신의 모습을 보이지 않고 있는 것은 통진당의 정당해산 결정 가부를 기다리고 있기 때문이라고 생각합니다. 정당해산이 결정되는 순간, 진보 진영 전체의 정당적 재편이 불가피하거든요. 결과가 나와봐야 알겠지만 어쨌거나 그렇다면 새 출발을 해볼 수 있다는 얘기입니다. 과거 진보 정당들이 말은 국민정당이라고 하지만, 사실상 민주노총이나 노동자 조직에 기반을 두었잖아요. 그 수가 많지가 않아요. 그럼에도 2004년 총선 때 진보 정당인 민주노동당은 13.1%라는 높은 지지율을 획득하면서 10명의 국회의원이 원내에 진출합니다. 이건 어느 날 갑자기 생긴 사건이 아니에요. 객관적 상황이 조성된 상태에서 당시 민주노동당 지도부가 잘 조응했기 때문에 가능한 일이었지요. 그 후로 몰락하기는 했지만 진보 정당의 잠재력은 여전히 있다고 생각해요.

그렇기에 통진당 해산으로 진보 정당 운동의 전면적인 개편이 불가피한 상황이 된다면, 이를 국민적 대중 진보 정당으로 거듭나는 계기로 삼아야 한다고 봅니다. 예컨대 민주노총보다는 비정규직에 조

> 10) 인터뷰 이후 2014년 12월 19일 헌법재판소는 찬성 8명, 반대 1명으로 통합진보당의 해산 및 소속 국회의원 5명의 의원직 상실을 선고한다.

직적 기반을 두는 진보 정당, 전교조보다는 양심적인 교사 대중에 기반을 둔 진보 정당으로 가는 거예요. 일반 대중의 진보성에 착목한다면 성공할 가능성이 있다고 보는 거예요. 그 얘기는 다시 말하면, 민주노총, 전농, 전교조 등, 이른바 1980년대 전선운동의 전통 속에 있는 조직에 기반한 정당을 지양해야 한다는 겁니다. 그런 조직들과 관계를 끊으라는 얘기가 아니에요. 외연을 확장해야 한다는 겁니다. 국민정당이라는 선언이 선언에만 그쳐서는 안 된다는 겁니다. 민노총도 전교조도 전농도 여전히 자신의 운동적 전망을 가져야 하지만, 새롭게 태어날 진보 정당은 그 이상이어야 해요. 정당으로서 국민과 만나야 미래가 열립니다. 여기서도 꼭 필요한 것이 바로 리더십입니다. 이러한 지향을 실행할 수 있는 담력 있는, 훌륭한 진보 정치인이 나타나야 해요.

지승호: 그러면 기존의 진보 정당 정치인으로서는 어렵다고 보시는 건가요?

고성국: 그렇습니다. 노회찬, 심상정처럼 대중적인 지명도가 있는 정치인들이 있지만, 어렵다고 보고요. 대신 가교역할을 할 수는 있을 겁니다. 그들이 가진 정치적 자산을 새로운 정당으로 거듭나는 데 쏟아부어야 한다는 거예요. 자기들이 당권 잡고, 다음 대선에 나가려고 하지 말고, 국민적 대중 진보 정당으로 거듭나는 데 헌신하겠다, 이런 모습을 보여야 합니다. 그러면 이 두 사람은 진보 정당의 역사에 남을 거로 봐요. 전환이라고 하는 것이 혁명적인 방식으로 되는 것이 아니라 지금의 성과를 계승할 것은 계승하면서 딛고 넘어가야 하는 거거든요. 이때 다리 역할을 해줄 누군가가 필요하다는 거예요. 그 이상을 욕심냈다가는 어려울 거로 봅니다. 대중들이 낡은 인물로 여길 겁니다. 새로운 역할을 새로운 지도자에게 넘길 수 있는 용기와 결단이 필요합니다.

지승호: 현재 의석을 갖고 있지 않은 정당들, 예컨대 녹색당이나 노동당 같은 정당에는 어떤 조언이 필요할까요? 외국의 경우처럼 우리나라도 그런 정당들이 중요한 역할을 할 수 있다고 보십니까?

고성국: 우선 당원들의 마음가짐이 어떠냐가 중요합니다. 우리가 소리치는 것만으로도 충분히 의미가 있다, 우리는 소금이면 돼, 이런 식이면 지금 상태도 굳이 나쁜 건 아니죠. 그런데 우리 주장을 정치적으로 관철시키고 싶다, 한국 사회를 변화시키고 싶다면 무엇보다도 원내 진출을 제1 목표로 두어야 합니다. 이건 우리의 정당정치에서는 사활이 걸린 문제예요. 국회의원이 단 1명이라도 있느냐 없느냐 하는 것에 따라 당의 존재감이 달라집니다. 대중과 만나는 접점이 달라져요. 수단과 방법을 가리지 않고, 연합공천을 하든 어떻게 하든 원내진출이라는 목표에 매진해야 해요. 그렇게 해서 국회의원을 배출했다, 그러면 이건 녹색당이 아니라 우리 정당 역사에 중요한 사건으로 남게 됩니다. 하나에서 시작해서 둘이 되고, 셋이 되는 거예요. 지금의 정의당, 예전의 민주노동당이 그렇게 시작했습니다. 국회의원 의석 하나를 위해서 모든 것을 걸어야 해요. 독자적 힘으로 안 되면 연합을 통해서라도 관철시켜야 합니다. 저는 우리 국민들이 환경 문제에 관심이 지대하다고 생각해요. 이런 상황에서 녹색당이 국회의원을 내서 국회 환경노동위에 배치되었다고 쳐요. 이 사람이 발군의 실력으로 환경에 대한 국민의 욕구에 부응하는 활동을 펴면 녹색당은 당장 국민들의 눈에 들어옵니다. 다음 선거에 국회의원 10명 만드는 것이 어렵지 않은 거예요.

누가 정치불신을 조장하는가

지승호: 한국 정치를 볼 때 빼놓을 수 없는 것이 국민들의 정치불신인데요. 우리나라에 정당정치가 제대로 정착되지 못하는 이유도 여기에 있다고 생각합니다.

고성국: 정치권이 국민적 요구와 기대에 부응하지 못해서 생긴 것도 있고요. 또 하나는, 언론이나 평론가들이 불신을 조장한 측면도 있습니다. 정치권 때리기를 통해서 시청률도 올리고, 유명세도 떨치려고 하다 보니까 '동네북'이 되어버린 거예요. 여론조사를 하면 가장 낮은 신뢰도를 보이는 집단이 바로 정치인입니다. 하지만 실제로도 그런가 보면, 저는 우리나라 정치인들이 그 정도로 형편없다고 보지 않아요. 개인적으로 보면 굉장히 똑똑하고 인품도 훌륭한 사람들이 분명히 있어요. 언론에서는 기득권에, 특권에, 온갖 부정부패에 물들어 있는 사람들로 묘사하는데 만약 우리나라 국회의원 300명이 다 그렇다면 큰일 날 일이죠. 실제로 비리나 이런 것들 때문에 형사 소추되는 경우를 봐도 지방자치 의원들이 훨씬 많습니다. 국회의원이 힘도 세니까 수사를 안 해서 그런가요? 이제는 그런 시대가 아니잖아요. 우리나라 정치인들이 깨끗하다고 말씀드리려는 게 아닙니다. 부당하게 매도당하는 측면이 있다는 거예요. 이건 정치발전에 아무런 도움이 되지 않습니다. 정치는 더러운 것, 가까이하지 말아야 할 것이라는 불신과 냉소를 조장하기 때문이에요. 저는 그 점에서 언론의 책임을 묻고 싶습니다. 저는 우리나라 국회의원들이 100점 만점에 70~80점 정도는 된다고 생각해요. 적어도 낙제 수준은 아니라는 거예요. 그렇다면 왜 우등생이 아니냐, 정치인들이 잘못한 부분이 있기 때문입니다.

멀쩡하던 국회의원들도 대통령 앞에만 서면 작아집니다. 그러니까 국민들이 보기에 형편없는 거예요. 행정부를 견제하라고 만든 게 입

법부 아닙니까? 그런데 청와대 가서 머리 조아리고 줄 대고, 이런 모습이 국민들 눈에 곱게 보일 리 없는 거예요. 한심한 국회의원 놈들, 이렇게 되는 겁니다. 한편, 야당 국회의원들은 반대만 합니다. 정부와 여당이 뭐라고 발표하면 실시간으로 반대 성명이 나옵니다. 100가지를 발표하면 그중 단 하나도 잘했다는 논평이 안 나와요. 국민들 입장에서 상식적으로 이해가 되겠습니까? 국민 위해서 활동하라고 뽑아놨더니 맨날 싸우기만 한다고 생각하는 거예요. 집권당이 얘기하면 반대부터 하고, 안 되면 장외로 나갑니다. 가두시위하고 단식을 해요. 지금 여당인 새누리당도 야당 시절에 그랬죠. 그나마 제대로 싸우지도 않습니다. 흉내만 내다가 조용히 들어와요. 요즘 김영삼, 김대중처럼 단식하는 정치인 있습니까? 목숨을 걸기는커녕 대충 여론보다가 접잖아요. 그러니 사람들이 '저 사람 왜 밥을 굶고 있어?' 이러는 거예요. 정치권이 자초한 측면이 있는 겁니다. 저는 이 두 가지를 모두 봐야 한다고 생각해요. 무턱대고 정치인을 비난해서는 안 돼요. 그래서 저는 논평을 할 때도 가급적 그들이 노력하고 있다는 점을 대중들에게 알리려고 해요. 반대편 사람들에게 욕먹기 딱 좋지만 그렇게 합니다. 정치인들이 사실과 다른 이유로 매도당하는 것은 우리 정치 발전에 좋지 않다고 생각하기 때문이에요.

일종의 악순환인데요. 국민들이 불신하니까 정치권이 자꾸 눈치를 보고 그러니까 또 불신을 조장하는 결과를 불러오게 됩니다. 예컨대 세월호 사건이 발생했을 때 정치권이 상당한 타격을 입습니다. 집권당뿐만이 아니에요. 오히려 야당이 더 욕을 많이 먹었죠. 새정치연합에서 여야 합의를 두 번이나 번복합니다. 아마 우리 의정사에 길이 남을 코미디가 아닐까 싶어요. 국회에서 여야가 합의했다고 하는 것은, 공적 결정을 하는 최고 기구에서 합의했다는 것이에요. 그런데 그게 뒤집힌다? 말이 안 되는 거예요. 스스로 권위를 바닥에 내팽개치는 거죠. 여당은 집권당으로서 책임론이라는 부담이 있다 보니 어떻게든 면피를 하려고 합니다. 그러면서 계속 힘으로 밀어붙이죠. 결국 국회의장이 예정된 본회의를 4일간 늦추면서 마지막 대타협을 유도합니다. 그래서 결국 합의가 이루어진 거고요. 이때 여당인 새누리당이 보인 행태가 어떻습니까. 국회의장 탄핵 운운하면서 버티기로 일관하잖아요. 얘기 다 끝났다. 더 이상 야당 안 만나겠다는 거예요. 이런 정치를 국민이 납득할 수 있겠습니까?

지승호: 아까 지적하신 언론 문제에 대해 좀 더 말씀해주시지요. 최근 종편이나 팟캐스트 등이 당파성에 의존해서 왜곡보도를 일삼는다는 비판이 큰데요.

고성국: 당파성도 그렇지만 저는 선정성이 더 큰 문제라고 생각합니다. 우리나라는 모든 언론이 명목상으로는 공정성을 원칙으로 삼고 있어요. 물론 내용은 그렇지가 않죠. 차라리 미국처럼 노골적으로 특정 정당을 지지할 수 있으면 오히려 낫죠. 그러면 국민들 입장에서 감안하고 판단할 수 있잖아요. '아, 이 언론은 민주당 편이라서 이렇게 말하는구나. 이 방송은 공화당 편이니 그럴 수 있지.'라고 할 수 있어요. 그런데 우리는 그럴 수가 없잖아요. 중립을 지켜야 할 언론이 편파방송을 한다고 욕먹습니다. 그래서 우리 언론은 당파성이라는 걸 직접 드러내지 않고 은근하게 드러내거든요. 대중들도 그러한 사실을 잘 알고 있고요. 그런데 그래서는 장사가 잘 안 되잖아요. 좀 더 세게 가야 시청률이 오릅니다. 종편이 선정적으로 이슈를 다루는 이유예요. 선정성은 필연적으로 희생양을 요구합니다. 예컨대 세월호 사건이 있은 후 종편에서 6개월간 유병언 특집을 해요. 유병언의 여자관계부터 해서 그 아들인 유대균의 여자 경호원 같은 가십에 포커스를 맞춰요. 이게 세월호 사건과 도대체 무슨 관련이 있습니까? 그러다 제주지검장의 음란행위가 CCTV에 찍히는 사건이 발생하죠. 이번엔 카메라를 그쪽으로 옮깁니다. 정치평론가들이 나와서 왜 저런 행동을 하는지를 두고 논평을 해요. 윤일병 사건이 터지자 참혹한 시신을 배경화면으로 내겁니다. 심각하죠. 왜 그럴까요? 그렇게라도 해야 한 번 더 시선을 주니까, 그래야 시청률 올리고 광고 받을 수

있는 거예요. 종편의 '정치인 때리기'도 그런 맥락에 있습니다. 무자비하게 두들겨 패야 관심도 받고 시청률도 오르는 거예요. 안 그래도 살기 힘든 사람들이 그런 방송을 보면서 분풀이를 합니다. 욕하면서 막장 드라마 보는 것과 똑같은 거예요. 현실적으로 이걸 막을 수단이 없다는 게 문제입니다. 방송심의위원회가 개입하면 언론탄압이라고 할 거고 시청자 모니터링을 해도 딱 짚어내기가 어려울 거고요. 종편의 선정주의는 갈수록 심해질 거라고 생각합니다.

지승호: 시청률 문제는 비단 종편에만 해당하는 것은 아닐 텐데요. 언론의 속성과 정치권의 한계 같은 것들을 생각했을 때 정치불신을 막을 방법이 없을까요?

고성국: 말씀하셨듯이 시청률은 모든 언론에게 있어서 아킬레스건입니다. 거기서 자유로울 수 있는 언론은 없어요. 다만 정도의 차이가 있겠죠. 선정성은 어떻게 보면 종편의 생명이나 다름없어요. 요즘 팟캐스트 시사방송도 많은데요, 이 역시 마찬가지입니다. 공통적으로 '때리기'를 통해서 커요. 물론 정당한 비판도 있지만 선정적 때리기가 더 많아요. 여기에 정치인들이 희생양으로 등장합니다. 이걸 막으려면 정치인 스스로 조심할 수밖에 없어요. 매체 특성상 선정성을 포기하지 않을 가능성이 많다는 겁니다. 정치인들 스스로 불신을 조장하는 행위를 최대한 자제해야죠. '건수'를 만들지 말아야 합니다. 여당은 청와대 거수기 노릇을 중단해야 할 것이고, 야당은 삑 하면 장외에 나가는 것을 그만둬야 해요. 선정주의 언론에 꼬투리를 잡히지 않아야 합니다. 그렇다고 가만히 앉아 있을 매체가 아니지만, 일만 똑바로 하면 종편이 아니라 종편 할아버지라도 할 말이 없는 거예요. 예컨대 세월호 특별법 협상 정국에서 정의화 의장의 본회의 연기 결단, 겸직금지 의원 43명 명단 공개, 이런 것은 종편조차 높게 평가할 수밖에 없었듯이 말입니다. 어쨌거나 국민을 보고 가야 합니다. 그 방법밖에 없어요.

지승호: 정치 보도에서 선정주의가 판을 치는 이유에는 시청률 문제도 있지만, 그만큼 지지하는 그룹들이 호응하기 때문이기도 할 텐데요. 어떻습니까?

고성국: 그럼에도 국민들이 건강성을 유지하고 있다고 생각해요. 종편 시청률도 초기와 달리 많이 떨어지고 있고요. 우리 국민들이 정치적 욕구가 상당히 높잖아요. 그런 상황에서 종편이 하루 12시간씩 정치 프로를 내보내니 당연히 관심을 보였던 거예요. 그런데 이제 밑천이 드러난 거예요. 선정주의가 지나치니까 시청자들도 외면합니다. 종편을 안 보는 사람들이 늘고 있어요. 그만큼 우리 유권자들이 건강한 면이 있는 거예요. 그래서 저는 유권자 걱정보다는 정치인들이 정치인답게 가는 게 더 중요하다고 봅니다. 선정주의가 판을 쳐도 거기에 흔들리지 말고 자기 할 일을 하는 거예요. 평론가는 평론가답게 하면 되고 정치인은 정치인답게 하면 되는 겁니다. 유권자는 이미 유권자답게 행동하고 있잖아요.

분열과 갈등을 넘어서

지승호: 국민통합에 대해 좀 더 여쭙고 싶은데요, 박근혜 대통령의 국민통합에 대해 어떻게 보십니까. 앞으로 진전이 있을 가능성이 있나요?

고성국: 국민통합에는 다음 네 가지가 포함됩니다. 첫째 계층 통합, 둘째 세대 통합, 셋째 지역 통합, 넷째 사회적 소수자들에 대한 통합이에요. 지금 박근혜 대통령이 국민통합을 실천하려면 이 네 부분에 대한 전략이 있어야 합니다. 국민통합에는 엄청난 노력과 비용이 듭

니다. 범정부적 역량을 투입해야 가능해요. 달랑 위원회 하나 만든다고 해서 될 일이 아니라는 거예요. 인수위 단계에서부터 국민통합이 형해화되고, 왜소화된 측면이 있습니다. 대통령으로서 재임기간 내내 관심을 가지고 이 사안을 챙겨야 해요.

지승호: 박사님은 『고성국의 정치in』에서 박근혜에 대해 이렇게 평가했습니다. "육영수가 퍼스트레이디로 활동할 때의 진정성을 아는 60~70대가 육영수를 좋게 추억하는 것과 같이 박근혜에게 육영수의 이미지가 투영되면 될수록 박근혜의 정치행보에는 힘이 붙을 것이다"라고 했는데요. 실제로 대통령이 되고는 그런 모습을 보여주지 못한 것 같고요. 아들의 죽음에 통곡하는 이소선 여사를 청와대에 불러 위로했던 육영수 여사와 세월호 참사 유가족의 면담 요구를 외면하는 박근혜 대통령 사이의 간극이 큰 듯합니다.

고성국: 박근혜에게 그런 이미지가 있는 것은 사실입니다. 이것이 국민적 지지의 배경인 것도 사실이고요. 하지만 육영수는 이랬는데, 박근혜는 왜 안 그랬느냐고 비교하는 것은 적절하지 않아요. 대통령이 되고 나서 달라졌다는 비판도 그렇습니다. 이것도 상대적으로 봐야 해요. 박근혜 입장에서 세월호 참사 직후에 현장에도 가고 유족들도 만나요. 그것이 만족스러운 수준인가를 떠나서, 나름대로 노력을 한 거예요. 대통령의 그런 노력을 야당과 유족이 받아들이지 않은 측면이 있습니다. 박근혜 대통령이 더 갈 수 없는 상황이었던 거죠. 유족의 입장에서는 그 상황에서 박근혜에게 왜 더 노력하지 않았느냐 할 수 있어요. 하지만 정치평론가로서 이걸 육영수와 비교해서 비판하는 시각에는 동의하기 어려워요. 마찬가지로 박근혜 정권 출범 초기에 왜 야당을 껴안지 않았느냐는 비판이 있었습니다. 그런데 당시 상황을 보면 지금 야당에서 1년 이상 사실상 대선 결과에 불복했잖아요. 국정원 댓글사건이 주요 요인으로 작동하긴 했지만, 어쨌든 박근혜 입장에서 본다면 거부당한 거거든요. 대통령이 인간적으로 좀 더

노력했어야 한다는 말은 할 수 있지만, 그걸로 평론가가 대통령을 비판하기는 어려운 측면이 있습니다. 박근혜가 잘한다는 게 아니라, 정치평론가는 설득력 있게, 균형 있게 비판해야 한다는 뜻입니다.

지승호: 박근혜 대통령의 이미지에 대해 말씀드린 이유는, 그것이 국민통합에 유리하게 작용할 수 있지 않을까 하는 생각 때문입니다. 보수의 강력한 지지를 받은 대통령이 국민통합을 추진한다면 좀 더 설득력이 있지 않을까요?

고성국: 과거 대통령들도 국민통합에 대한 생각이 있었어요. 김영삼 정부는 일단 군사독재의 잔재를 청산하는 일에 주력했지요. 문민개혁을 추진했고요. 김대중 정부는 국민통합을 주요 이슈로 내세우지는 않았지만, 실제로 중요한 역할을 했습니다. 우선 김대중은 대통령에 당선된 그 자체로 수십 년 지속된 지역 패권주의 갈등 구조가 완화될 수 있는 단초를 제공했습니다. 역차별 얘기가 나오면서 일시적으로 지역주의가 갈등요소로 작용한 측면이 있지만, 길게 보면 역사적으로 한 번은 거쳐야 할 과정이었다고 보고요. IMF 직후에는 중산층의 몰락과 사회적 양극화가 심화되는 상황에서 대중경제론의 철학적 기반 위에서 사회적 안전망을 구축했습니다. 여기에 남북 관계 개선을 아우르면서 국민통합적 분위기가 상당히 무르익었다고 봅니다. 이어지는 노무현 정부에서 이것이 좀 더 앞으로 나가지 못해요. 그보다는 비상식적인 사회를 고치겠다는 의지가 강했습니다. 과거 김영삼 정권이 문민개혁을 하면서 권위주의 척결을 외쳤던 것처럼 말이죠. 그 자체는 잘못된 것이 없어요. 다만 상식이 통하는 사회, 문민개혁 같은 과제들이 일정부분 갈등을 감수해야 하는 측면이 있다는 겁니다. 실제로 노무현 대통령 재임시절에 수많은 갈등이 빚어졌습니다. 이걸 단적으로 보여주는 게 수도 이전 문제였고 대통령 탄핵이었습니다. 이명박 정부에 들어서서 이런 갈등은 더욱 증폭됩니다. 왜 그랬느냐, 이명박이 압도적인 다수의 지지를 얻어서 당선됐지만,

선거 자체는 갈라치기 전략을 썼거든요. 그래서 선거 직후 민주노총과의 약속을 취소하는 일도 벌어진 거고요. 당선자 시절부터 우리 사회를 적대적 공간으로 만들어간 거예요. 그 10년의 결과가 지금의 한국사회입니다.

2012년 대선에서 박근혜와 문재인이 국민통합을 내건 이유도 그렇고요. 지금 박근혜가 이 문제에 천착하고 있느냐, 저는 그렇지 않다고 봅니다. 통합을 외친 사람이 대통령에 당선됐음에도 갈등이 더욱 증폭되고 있는 게 현실이거든요. 거기에는 야당도 일조했다고 봐요. 대통령 선거에 져놓고, 승복을 안 했거든요. 직접적으로 그렇게 말한 적은 없지만, 국민들은 다 그렇게 느꼈습니다. 저는 그래서 국민통합에 대한 국민적 욕구가 앞으로 더 커질 것이다, 2017년 대선까지 갈 것이다, 이렇게 생각해요. 일례로 세월호 사건이 터졌을 때 어땠습니까. 그 원인을 파악하고 대책을 세워야 했음에도 이것이 진보와 보수의 싸움, 여야의 대결로 번졌습니다. 그만큼 우리 사회의 갈등 증폭 기제가 강력하다는 것이고요. 이것을 원천적으로 해체하지 않는 한 그런 갈등을 막는 일은 요원하다는 겁니다. 수백 명이 참담하게 죽은 사고인데, 이걸 두고 수개월간에 걸쳐 두 패로 나뉘어 싸우는 게 올바른 정치냐는 거예요. 이건 대통령의 책임, 여당의 책임, 야당의 책임, 유가족의 책임, 시민단체의 책임, 이런 식으로 나눌 수가 없는 문제예요. 아시다시피 세월호 사건은 우리 사회의 여러 문제가 뒤얽혀서 빚어낸 그야말로 참사입니다. 정파의 문제가 아니라 사회 시스템, 구조의 문제라는 거예요.

우리 사회는 어떤 문제든지 갈등을 증폭시킬 준비가 되어 있는 사회입니다. 손쉽게 여와 야의 대립구도로, 보수와 진보의 대립 구도로 가는 메커니즘이 존재한다는 거예요. 대단히 소모적인 일입니다. 이 메커니즘을 해체하는 일은 한국이 미래로 나아가는 데 대단히 중요합니다. 제가 2017년의 화두를 다시 한 번 국민통합이라고 보는 이유이기도 하고요.

지승호: 국민통합과 더불어 경제민주화와 양극화 문제를 지적하셨는데요. 이것이 앞으로 어떤 형태로 나타나게 될까요?

고성국: 지금 우리 사회에는 다양한 양극화가 존재합니다. 경제적 양극화는 물론 문화적 양극화, 심지어 IT 양극화에 이르기까지 사회 전 영역에서 양극화가 진행되고 있어요. 문제가 심각합니다. 이를테면 학력의 양극화는 계층상승의 통로를 막아버립니다. 사회의 역동성이 사라지는 거예요. 고등학교 때 이미 사회적 계급이 정해져 버려요. 이런 사회에서 어떤 희망을 가질 수 있겠습니까. 모든 수단과 방법을 동원해서라도 심화되는 사회적 양극화를 막아야 합니다. 물론 한 번에 해소하기는 어렵습니다. 다만 그 격차가 벌어지는 속도라도 완화해야 한다는 겁니다. 이걸 해결하려면 무엇보다도 정치가 중요합니다. 지도자가 범정부적 역량을 동원해야 해요. 이와 함께 분야별 전략도 세워야 합니다.

대기업과 영세기업의 양극화, 정규직과 비정규직의 양극화, 여성과 남성의 양극화 등등. 분야가 다르면 해법도 다르겠죠. 정부 차원에서 보면 담당 조직이 다 달라요. 성별 문제는 여성가족부에서 할 거고 경제는 기획재정부나 공정거래위원회가 맡아서 해야겠죠. 행정부의 수장인 대통령이 할 일은 이렇게 잘게 쪼개진 것들을 한데 묶어내는 거예요. 필요하다면 양극화 해소 부총리라도 신설하겠다는 식으로 강력하게 실천해나가야 합니다.

4부
국민을 보고 가라

우리 시대의 대통령

지승호: 주요 정치인들에 대한 짤막한 촌평을 부탁합니다. 우선 김
대중 전 대통령에 대해서는 어떻게 생각하십니까?

고성국: 김대중은 굉장히 유연한 사람이었습니다. 호남의 정치인으
로, 야당 정치인으로 살아남으려면 유연함이 필요했을 겁니다. 저는
그 유연함이 정치를 시작하기 전 청년시절에 이미 길러졌다고 생각
해요. 그랬기 때문에 바람 앞에 누웠다가 지나가면 다시 일어나는 그
런 생존력을 보여줬다고 봅니다. 세 번 실패하고 네 번 도전할 힘이
있었던 거고요.

그럼에도 대중들에게 강성 이미지가 남아 있는 것은 독재정권이나
극우세력의 딱지 붙이기 때문입니다. 김대중의 진면목을 모르는 사
람들이 하는 얘기고요. 김대중은 제가 아는 정치인 중에서 가장 유
연한 인물입니다. 마지막까지 전략적인 유연함을 견지했던 사람이에
요. 남북문제를 푸는 것도 그랬고요. 후배 정치인들이 가슴에 새겨야
할 점이라고 생각합니다.

지승호: 김영삼 전 대통령에 대해서는 어떻게 생각하십니까?

고성국: 김영삼은 정치에서 대의명분
이 얼마나 중요한가를 보여준 인물입니
다. 예컨대, 내각제 각서 파동[11]으로 정
치적 생명이 끝날 뻔한 적이 있었습니다.
그런데 이걸 민정계의 김영삼 죽이기라
고 하는 프레임으로 바꿔버려요. 명분을
잃어서 죽을 뻔한 위기를 새로운 명분으
로 돌파한 거예요. 도망가지 않고, 잊혀

11) 1990년 5월 29일 〈중앙
일보〉가 노태우, 김영삼, 김종
필이 작성한 내각제 합의문
이 있다고 보도하면서 촉발
된 사건을 말한다. 민정계는
이를 사실로 인정했지만 당
대표였던 김영삼은 이를 음
해공작이라며 대통령에게 내
각제의 완전 포기와 당 대표
의 실질적 권한보장을 주장
하며 칩거에 들어간다.

질 때까지 고개 숙이는 대신에 정면으로 치고 나간 겁니다. 명분이 중요한 사람이었기 때문에 김영삼은 말을 길게 안 해요. 예컨대 '민주화' 하나면 다 되는 거예요. 길게 설명할 필요가 없잖아요. 그 명분이 국민과 함께할 수 있다면 그만인 겁니다. 3당 합당, 이것 참 명분 없는 행동이잖아요. 어제까지만 해도 군부독재라고 비난하던 사람과 손을 잡았으니 야합이죠. 그때도 김영삼은 이걸 '민주화의 길'이라고 했습니다. 그동안 가져온 명분을 외려 확장시킨 거예요. 결과만 놓고 보면 억지도 아니에요. 어쨌든 3당 합당으로 김영삼이 대통령이 되고 문민개혁을 이뤄내잖아요. 이후로 김대중 정권이 들어서면서 민주화는 되돌릴 수 없는 흐름이 됩니다. 정치인으로서 배워야 할 점이 분명히 있습니다. 누구나 인정할 만한 명분이 아니더라도, 위기 속에서 언뜻 억지스럽지만, 적어도 자기 지지자들을 계속 결집시킬 명분을 만듭니다. 뒤돌아서서 피해 가거나 도망가지 않고 새롭게 만든 명분으로 정면 돌파를 하는 겁니다. 정치인은 명분이다. 이게 김영삼이 후배 정치인들에게 보내는 메시지인 거예요.

지승호: 노무현 전 대통령에 대해서는 어떻게 생각하시나요?

고성국: 노무현은 평생 진지한 사람이었어요. 김영삼은 핵심적인 몇 가지만 진지했어요. 김대중은 여유가 있는 사람이었고요. 노무현은 인권변호사를 지냈던 1980년대 중반부터 죽을 때까지 한 번도 이 진지함에서 벗어난 적이 없습니다. 처칠은 전쟁통에도 시가를 물고 술을 마시는 여유를 보여줍니다. 부시는 이라크 전쟁을 시작해놓고 골프 치러 가고 그러잖아요. 그런 행동이 다 옳다는 게 아닙니다. 다만, 지도자로서 여유를 가질 필요가 있다는 거예요. 대통령만이 해야 할 일이 있잖아요. 수석 비서들이나 장관들이 해도 될 일은 그들에게 맡기면 됩니다. 정말 중요한 일을 결정하기 위해 컨디션을 조절할 필요가 있다고 생각해요. 한 달에 한 번 혹은 1년에 한 번 있을 중대한 결정을 위해, 최선의 결정을 위해 평소 여유를 즐길 필요가 있다는 거

예요. 대통령의 선택이 그만큼 중요하기 때문입니다. 역사적으로 지도자의 선택에 의해 한 나라의 명운이 갈린 적도 있잖아요. 노무현의 진지함에는 역사적 치열함이 묻어 있습니다. 그래서 인간적으로 이해할 수 있지만, 지나친 진지함은 대통령의 행동으로서 동의하기는 어렵습니다.

지승호: 이명박 전 대통령은 어떻게 평가하십니까?

고성국: 이명박은 한번 장사꾼은 영원한 장사꾼이라고 하는 사실을 재임기간인 5년 내내 보여줬지요. 심지어는 퇴임 후 살 집을 마련할 때도 장사꾼의 수완을 여지없이 발휘했어요. 이명박 때문에 저는 앞으로 기업 CEO는 대통령이 될 수 없게 됐다고 봅니다. 우리 국민들이 망각도 잘하고, 냄비처럼 금방 끓었다가 식는 경향도 있지만, 한번 '저건 아니다'라고 느끼면 집단적 학습효과를 오래 가져가는 특징도 있어요. 권력 사유화가 어떤 파국을 불러오는지, 나라를 얼마만큼 형편없이 만들 수 있는지를 이명박과 그 일당들이 보여줬습니다. 국민들이 쉽게 못 잊죠.

제왕적 대통령인가 책임회피인가

지승호: 정치인 박근혜 또는 대통령 박근혜는 어떻게 평가하십니까?

고성국: 우선 정치인 박근혜와 대통령 박근혜는 다르다고 말씀드릴 수 있습니다. 집권 기간 동안 보여준 모습은 실망스럽죠. 국가적 어젠다도 불분명하고요. 창조 경제인 것 같다가도 통일 대박인 것 같다가도, 국가 대개조인 것 같다가도, 경제 활성화인 것 같다가, 이런 식으로 계속 얘기는 나오는데 정부와 집권당이 일관성 있게 밀고 나가는 것 같지도 않고요. 미래창조부가 있으니까 창조경제는 어딘가에서 계속 얘기되고 있을 것이고, 통일부가 있으니까 통일 대박론은 아직은 죽지 않았겠지요. 그러나 지금 보면 힘 있게 진척되는 게 없거든요. 정치인 박근혜는 선택과 집중을 굉장히 잘했습니다. 그러나 대통령 박근혜는 선택과 집중에서 실패하고 있다. 저는 이것이 가장 큰 문제라고 봅니다.

사람들이 소통문제를 꼽는데 저는 이건 그 사람 스타일이라고 생각해요. 방식이 다른 거죠. 술을 못하는 사람이 술을 못한다고 소통을 못한다고 하면 안 되잖아요. 술을 마시든 차를 마시든 내용이 중요한 거지요. 박근혜는 박근혜 방식대로 소통을 하는 겁니다. 그게 야당과 안 맞거나 기대에 못 미칠 수는 있어요. 야당이 "스타일이 안 맞아서 같이 일 못 하겠네." 하고 비판할 수는 있겠지만, 제가 보기에 그것이 국정운영의 핵심문제는 아닙니다. 중요한 것은 아까 말씀드렸듯이, 핵심 어젠다에 집중을 못 하고 있다는 거예요. 박근혜 입장에서는 변명할 수도 있어요. 하려고 했는데, 세월호 때문에 못 했다. 야당의 대선 불복 때문에 못 했다. 야당이 두 달 가까이 정부조직법 개편에 동의해주지 않아서 시기를 놓쳤다고 말할 수 있습니다. 하지만 설령 그렇다 하더라도 대통령이 변명하는 자리는 아니잖아요. 그 어떤 상황에서도 대통령은 대통령이고, 대통령 어젠다는 대통령 어젠다인 거예요.

전쟁 중에도 국가 원수로서의 어젠다는 챙겨야 하는 게 대통령입니다. 지난 2년은 국가적 어젠다에 제대로 집중을 못 한 것이 가장 큰 문제였다고 보는 거고요. 지금부터라도 제대로 끌고 나가야 한다고 생각합니다. 핵심 과제에 맞춰서 국정 운영을 재조정해야죠. 그래야 거기에 맞는 인사들이 들어올 수 있습니다. 이런 것 없이 사람만 백날 바꿔봤자 소용이 없어요. 장관이 대통령을 만나기 어려운 것은 여전하고, 수석들이 쓴소리 못 하는 것이 여전한 상황에서 그게 무슨 의미가 있겠어요.

지승호: 현 정부도 그렇지만 대통령한테 여당이나 정치인들이 직언을 못 하는 것은 이전부터 그래 왔던 것 같습니다. 제왕적 대통령이 문제라고도 하는데요. 이는 우리나라의 독특한 정치문화 때문이라고 해야 할까요?

고성국: 핑계라고 봅니다. 실제로 우리나라 대통령은 국회에서 협력 안 해주면 아무것도 할 수 없어요. 야당이 협조하지 않는다면 몇 달씩 장관도 임명을 못 하는 제왕이 어디 있습니까. 총리 후보가 두 번씩이나 낙마하는 상황에서, 그건 의회의 힘을 과소평가하는 거예요. 모든 책임을 대통령에게 떠넘기는 겁니다.

지승호: 박근혜 대통령의 경우가 아니더라도, 그동안 대통령에게 권력이 집중되어 있다는 주장이 있지 않나요?

고성국: 내용상 그렇지가 않다는 겁니다. 대통령은 행정부의 수장입니다. 대통령이 국회를 무시하고 할 수 있는 일이 없어요. 예산을 책정할 수 있나, 법안을 만들 수 있나, 장관을 임명할 수 있나, 심지어는

법률상 청문회를 안 거쳐도 되는 수석이나 비서실장도 '언론 청문회'라는 것을 거치다 낙마하잖아요. 그럼에도 제왕적 대통령 얘기가 계속 나오는 것은 제 역할을 하지 못하는 정치인들의 핑계라고밖에 할 수 없어요. 특히 집권 여당의 국회의원들이 이런 식으로 얘기하는 건 정말 문제예요. 대통령이 잘못한다고 말할 수 있잖아요. 집권당 국회의원이 시사 프로그램에 나가서 대통령을 비판하는 거 어렵습니까? 꼭 대통령을 만나야 하는 거 아니잖아요. 실제로 대통령 앞에서는 몇 마디 못 합니다. 그걸 다 하고 나서야, 소통이 안 된다, 대통령이 귀를 닫았다, 제왕적이다, 이렇게 말할 수 있습니다.

국민은 그렇게 비판할 수 있어요. 하지만 집권여당 국회의원은 그렇게 말하면 안 됩니다. 정치문화 탓을 하는데, 그걸 누가 만들었습니까. 이명박이 대통령 할 때 박근혜가 할 말 다했죠. 그런데 김무성은 왜 못 하죠. 괜히 개헌 얘기를 꺼냈다고 대통령한테 사과나 하고[12], 이게 제왕적 대통령 때문인가요, 아니면 눈치 보는 정치 때문인가요. 청와대 홍보수석이라는 사람이 집권당 대표를 비판합니다. 그럼 대응을 해야죠. 국민의 대표로, 정당의 대표로 그 자리에 있는 거잖아요. 자기들 대표가 욕을 먹는데도, 새누리당 국회의원이라는 사람들이 한 명도 나서지 않아요. 그러면서 제왕적 대통령제가 어떻고, 개헌이 어떻고 하는 건 말이 안 돼요.

12) 2014년 10월 새누리당 김무성 대표의 개헌 언급에 대해 청와대가 "실수로 언급한 것이라고 생각지 않는다"며 강하게 반발하자 하루 만에 즉각 사과한 일을 말한다.

박원순 vs 반기문

지승호: 차기 대선에 대해 이야기를 한 번 더 나눴으면 하는데요, 2007년 대선이 어떤 구도로 진행될지 말씀해주실 수 있을까요?

고성국: 저는 후보가 결정되기 전에 구도를 말하기가 어렵다고 봅니다. 의미도 없고요. 예컨대 이러이러한 구도이기 때문에 누가 됐든 야당이 유리하다. 혹은 여당이 이기게 되어 있다, 이런 식으로 말들을 하는데 저는 옳은 분석이 아니라고 봐요. 우리나라 선거는 철저하게 후보 중심이에요. 야권에서 박원순이 나올 경우와 안철수나 문재인이 나올 경우 완전히 양상이 달라져요. 각각의 이미지와 장단점이 다른데, 어떻게 같은 결과가 나오겠어요. 여당에 반기문이 될 때와 김무성이 될 때와 김문수가 될 때는 완전히 다른 선거가 돼요. "누가 됐든"이라는 전제부터가 맞지 않습니다. 본말이 전도된 거예요. 그렇다면 평론하는 사람들이 왜 그런 어법을 쓸까요? 자신이 없어서 그런 겁니다. 여러 후보 중에 이 사람이 제일 유력하다. 그런데 이 사람이 될 경우에는 이 사람의 캐릭터가 이렇고, 스타일이 이렇고, 이미지가 이렇기 때문에 이러이러한 선거 국면이 만들어질 것이다. 그래서 상대인이 사람과 겨룰 경우에 유리하다, 불리하다, 이렇게 구체적으로 가야죠. 대신 위험부담이 큽니다. 반대로 구도를 들먹이면 위험부담이 적어지죠. 변수가 많다, 예측하기 이르다, 시기상조라는 말도 많이 합니다. 이 역시 올바른 평론의 태도는 아닙니다. 지금 당장 내일 일을 예측하나, 1년 후의 일을 예측하나 그 시점에서 판단하면 되는 거죠. 현재의 주·객관적 상황과 추세를 보고 판단하는 것이기 때문에 언제든 시기상조라는 말은 맞지 않습니다. 지금 예측할 수 없으면 하루 전에도 예측할 수 없어요.

지승호: 그렇다면 단도직입적으로 묻죠. 반기문 총장과 박원순 시장

고성국 : 반기문은 잠재력이 크고, 박원순은 현실 적응력이 강합니다. 잠재력이 크다는 것은 인지도가 높다는 겁니다. 국민 중에 반기문 모르는 사람이 없죠. 위인전이 나와 있을 정도로 유명합니다. 충청권 출신이고 정치권 바깥의 사람이고, 그러면서 평생 공무원 생활을 했습니다. 유엔사무총장 일을 하면서 공적영역에 익숙한 사람이고요. 거기에 유연함을 갖추고 있습니다. 지금까지의 역정을 보면 그렇습니다. 때문에 정치권 진입과 이후 선거 과정에 적응력이 상당히 높을 거로 생각합니다. 잠재력 높은 사람이 적응력까지 두루 갖추고 있기 때문에 매우 유력하다고 보는 것이고요.

박원순은 지금까지 두 차례의 선거를 통해서 선거 국면에서 대중과 정치적으로 만나는 것을 굉장히 잘해왔습니다. 오랜 시민 사회 활동을 통해서 대중과 접점을 만드는 것에 탁월한 역량을 보여왔지요. 다만, 정치 지도자로서 대중을 만났을 때 이러한 장점이 곧바로 작동하지는 않습니다. 시민운동 출신으로 대중 정치인으로 변신한 사람 중에 실패한 사람들이 훨씬 많아요. 그럼에도 박원순은 시민활동가로서의 대중적 접점을 정치인이 돼서도 잘 유지하고 있고, 이걸 정치적으로 상향시키는 역량을 보여줬다는 겁니다. 박원순이 서울시장이 되기까지 두 번의 선거가 있었는데 모두 쉽지는 않았지요. 특히 첫 번째 보궐선거는 굉장히 어려웠잖아요. 가족 문제도 나왔고, 그것을 헤쳐나가는 힘, 버티는 힘, 돌파하는 힘, 이런 것들이 상당히 뛰어났다고 봅니다. 그동안 큰 실수를 하지 않은 점도 강점이에요. 안철수가 지방선거 때 보여준 패착[13]이나 문재인이 NLL 공방 국면에서 보여준 돌출적 행보[14]는, 정치인으로서 심각한 실수거든요. 박원순은 그런 게 없습니다. 굉장히 매끈하

13) 지방선거에서 기초선거 공천 폐지 방침을 정하고 박근혜 대통령에게 공약을 지키라고 압박하였으나 당내 반발로 철회한 일을 말한다.

14) 국정원 대선 개입 문제로 수세에 몰린 새누리당이 노무현 전 대통령이 NLL을 포기했다며 공세를 가하자 회의록 공개를 제안한 일을 말한다.

게 가고 있죠. 어떤 면에서는 단계적으로 천천히 서두르지 않아서 실수가 없었다고 할 수도 있습니다. 시민사회 활동에서부터 30~40년 동안 단련되어서 정치적 감각이 상당한 수준에 이르러서 그럴 수도 있고요. 물론 둘 다 일 수도 있습니다. 굳이 실수를 따진다면, 동작을 재보선에서 기동민이 후보 사퇴를 하는 과정, 이것도 박원순 시장이 직접 손을 댔으면 양상이 달랐을 테고, 박원순의 직접적 실수라고 할 수는 없지만, 박원순 입장에서 볼 때는 뼈아픈 실수 중의 하나일 겁니다. 최측근을 내보냈다가 성공시키지 못했고, 결국은 그 자리를 새누리당한테 빼앗겼으니까요.[15] 그럼에도 결정적인 실수라고 하긴 어려워요. 정치인으로서 이 정도로 관리해왔으면 상당히 성공적입니다. 그런 사람이 대선 후보가 되면 적어도 자기 실수 때문에 스스로 무너지는 일은 없을 것으로 생각해요.

15) 동작을 재보선에서 기동민 전 서울시 정무부시장이 사퇴하면서 노회찬 후보로 단일화하였으나, 투표 결과 나경원 새누리당 후보가 당선된 일을 말한다.

실수를 거의 하지 않는다는 사실은 그 자체로 강력한 무기입니다. 실수가 잦은 사람이 나오면 언제든 기회가 올 거로 생각하기 십상인데, 박원순처럼 안정적인 사람이라면 그걸 기대하기 어렵죠. 한 번 밀리면 끝장이라고 생각하고 덤벼들기 때문에 상대가 조급해질 수 있습니다. 상대가 앞서고 있다면 지나치게 수세적, 방어적이 될 수 있고요. 이게 선거운동을 제대로 못 하게 하는 족쇄로 작용할 수 있습니다. 선거라는 게 수십만 명의 운동원들이 전국에서 뛴다지만, 결국은 후보 간의 기세 싸움이자 수 싸움이에요. 그런 의미에서 박원순은 상당한 생존력과 적응력, 경쟁력을 갖추고 있다고 평가합니다.

아까 말씀드렸던 국민통합, 통일, 사회 양극화, 이 세 가지 핵심 과제를 놓고 보면 국민통합과 통일에 있어서는 반기문, 사회 양극화 해소에서는 박원순이 좀 더 유리하겠지요. 결론적으로 2017년의 핵심 이슈라든지 사회적 흐름에서 볼 때 반기문이 조금 앞서 갈 것이라고 예측할 수 있습니다.

지승호: 말씀하신 것처럼 새누리당은 고만고만한 후보들이라 반기문 총장을 강력하게 추대할 수 있지만, 민주당은 '적당히 센' 후보들이 있어서 내부 경선과정이 변수가 될 수 있지 않겠습니까?

고성국: 박원순이 된다는 것은 내부 경선 과정에서 이긴다는 뜻입니다. 문재인이나 안철수가 박원순을 추대해서 야권 후보가 될 일은 없지 않겠어요. 그걸 다 거친 이후의 박원순을 말씀드린 겁니다. 같은 당내에 만만치 않은 후보들이 있기 때문에 어쨌든 치열하게 맞붙을 거고 그게 박원순한테 나쁘지 않게 작용할 겁니다.

지승호: 흥행 효과 면에서 새누리당보다는 클 수도 있고요.

고성국: 반기문과 지금 새누리당 후보군 사이에 격차가 크잖아요. 하나 마나 한 경선이 될 가능성이 크지요. 따라서 경선의 흥행 효과는 크지 않을 것이고요. 그런 상황에서 어떻게 하면 임팩트 있게 반기문을 세팅할 것이냐, 하는 고민을 새누리당이 안게 될 것입니다. 새정치연합은 약하지 않은 두 후보와 박원순의 경쟁에서 어떻게 시너지를 만들어내면서 캠페인으로 연결시킬 것이냐를 고민할 거고 이것은 박원순 입장에서 상대적으로 풀기 쉬운 숙제라는 거예요. 이러한 상황을 모두 고려해서 반기문이 6대 4 정도로 유리하다고 봅니다.

새로운 정치체제의 출현

지승호: 안철수 의원에 대해서는 어떻게 생각하시나요?

고성국: 정치라는 것이 국민의 눈을 보고 하는 거거든요. 그런데 안철수는 국민의 눈을 보고 정치를 하지 않아요. 혼자서는, 자기로서는, 또는 안철수 지지자들로서는 자기 완결성을 갖고 있을지 모르지만, 국민들이 보기에는 눈높이가 다릅니다. 그래서 생뚱맞은 정치, 뜬금없는 정치가 자꾸 나와요. 이걸 조정하지 않으면 대통령이 못 돼요. 되도 문제고요. 국민의 눈을 바라본다는 게 단지 수사에 그치는 말이 아니에요. 정치인으로서 상당히 어려운 일입니다. 집에 가서 부인의 눈을 바라보는 거 쉽지 않죠? 하나라도 켕기는 게 있으면 제대로 못 봅니다. 정치인이 국민의 눈을 본다는 것도 마찬가지 의미예요. 진정으로 대중 정치인이 되지 않으면 국민의 눈을 바라볼 수가 없어요.

지승호: 문재인 의원에 대해서는 어떻게 생각하십니까?

고성국: 노무현보다 더 진지한 사람이지요. 노무현이 좀 답답해했던 사람이잖아요.

지승호: 정동영 전 의원 같은 경우에는 앞으로 정치적 역할이 있을 거로 보십니까?

고성국: 정동영, 천정배, 박지원 같은 사람들은 마음을 비우면 나름대로 역할을 할 수 있다고 생각해요.

지승호: 이를테면 킹메이커를 말씀하시는 건가요?

고성국: 말씀드렸다시피, 우리 정치에는 진정한 의미의 킹메이커가 없어요. 대통령 후보들이 '선생님'이라고 부를 수 있을 정도여야 하거든요. 메이커를 자임하는 사람이 있기는 하지만, 보면 다 심부름꾼 수준이에요.

지승호: 새누리당은 대권 후보로 거론할 만한 사람이 누가 있나요?

고성국: 당장 차기는 없습니다. 유승민, 원희룡, 유정복, 원유철 정도는 차차기를 노릴 만합니다.

지승호: 새정치연합은 어떤가요?

고성국: 김부겸, 안희정 정도가 해당합니다.

지승호: 손학규 전 의원이 정계 은퇴를 선언했는데요. 복귀할 가능성은 없다고 보십니까?

고성국: 스포츠 스타들도 은퇴했다가 컴백하는 판에 대권주자가 그러지 말라는 법은 없습니다. 그런데 제가 중요하게 보는 것은 손학규가 은퇴를 선언한 이유입니다. 재보궐선거에서 패배했다는 거잖아요. 본인이 선거를 총지휘한 것도 아니고 후보로 나갔다가 진 거잖아요. 전투에서 졌다고 물러나는 건 잘못된 거예요. 복귀를 하고 싶어도 퇴장을 잘못해서 복귀 명분을 세우기가 쉽지 않다는 겁니다. 예전에 김대중이 은퇴하고 영국에 가 있던 심정도 그랬을 거예요. 실제로 은퇴를 하고 나면 마음이 편해진다고 해요. 무거운 짐 내려놨다고 생각하고 여유를 즐길 수도 있고요. 공부를 하면서 충전의 기회로 삼을 수도 있습니다. 그러다가 상황이 만들어지고, 이런 저런 요청도 있으면 돌아올 수 있는 거죠. 돌아올 때 명분을 제대로 세워서 전격적으로 컴백을 해야 임팩트가 생기는데, 찜찜하니까 명분 세우기도

쉽지가 않은 거예요. 정동영의 전주 출마와 탈당과 복당 과정이 그랬어요. 명분 없는 행동을 해놓으니까 복당 때도 힘들었죠. 국민들한테 설명도 잘 안 되는 거예요. 이후로 힘을 못 쓰잖아요. 손학규가 자기 욕심 차리러 간 것도 아니고, 그렇기에 정동영보다는 처지가 낫다고 보지만, 여전히 부담은 있을 거라고 생각합니다.

지승호: 박사님은 "흔히 87년 체제라 말하지만 정치적으로 보면 지금의 정치구도는 92년 체제라 말하는 것이 정확하다. 87년 6월 민주항쟁의 열기 속에서 치러진 대통령 선거가 노태우의 승리로 끝남으로써 역사적 의미의 87년 체제가 정치적으로 구현되는 데는 1992년 선거까지 기다려야만 했던 것이다. 같은 맥락에서 2012년 선거는 87년 선거와 같이 구시대 구질서를 마무리하는 선거가 되고 2016년 총선과 2017년 대선이 비로소 새로운 정치, 새로운 질서를 출현시키는 정초선거가 될 가능성이 높다"고 하셨는데요. 누가 되든 정치가 굉장히 바뀔 것 같은데, 어떻게 될 거로 생각하십니까?

고성국: 정초선거라는 것이 정치 지형을 완전히 바꾼다는 뜻이잖아요. 저는 헌재의 결정으로 이미 정치 지형의 변화가 시작되었다고 생각합니다. 우리 정치에서 굉장히 중요한 판결이에요. 2016년 총선에 당장 그 효과가 나타날 거고, 20대 국회는 전혀 새로운 정치 문화를 만들어가는 국회가 될 것입니다. 그러면서 2017년 새로운 대통령이 권력구조 개편에 나설 가능성이 높아요. 의회 권력과 대통령 권력이 모두 바뀌는, 정치 구조의 전면 개편이 이루어지는 거예요. 저는 그렇게 될 거라고 전망합니다.

민주주의—보통사람의 정치

지승호: 박사님은 "민주주의는 평범한 보통사람들의 선택과 결정"
이라면서 "민주주의는 불완전한 사람들, 못난 사람들의 정치다. 잘
난 사람들에게 민주주의는 어울리지 않는다"라고 하셨는데요. 현실
은 엘리트 정치라고 할 수 있지 않을까요? 보통 사람들의 정치와는
거리가 멀다고 생각되는데요.

고성국: 민주주의는 인간이 불완전한 존재라는 사실을 자각하는 데
서 시작합니다. 완벽한 존재, 즉 신이라면 설득이나 토론이 필요 없
죠. 논리적으로 '완전체'는 서로 차이가 없어요. 다르지 않은데 설득
이 왜 필요하겠어요. 그래서 신의 세계에서 민주주의는 의미가 없습
니다. 하지만 우리는 불완전한 인간입니다. 오류가 있기 때문에 너하
고 내가 다른 거예요. 내가 너를 설득해서 내 뜻대로 움직이면 그게
바로 권력입니다. 민주주의, 다수결이 그렇게 성립되잖아요. 다수결
은 오류를 전제로 합니다. 사람들을 설득해서 다수가 됐다고 해서 그
자체가 절대적으로 영원히, 옳은 건 아니거든요. 다수는 다수일 뿐입
니다. 언제든 소수가 될 수 있고요. 수학에는 민주주의가 통용이 안
됩니다. 1 더하기 1은 2라는 진실은 불변입니다. 다수가 주장한다고
해서 1 더하기 1이 0이 되지 않잖아요. 민주주의는 진리를 구하는 것
이 아니라, 진리의 근사치를 구하는 것입니다. 그래서 민주주의는 못
난 자들, 불완전한 자들이 하는 것이라고 말씀드린 거고요. 엘리트가
아닌 보통사람의 정치가 민주주의라는 뜻으로 읽혔다면 오해라고
봅니다.

지승호: 그럼에도 현실 정치가 보통사람의 의사와는 무관하게 소수
정치 엘리트에 의해 좌우되고 있다는 사실은 달라지지 않는데요. 국
민의 의사를 제대로 반영하지 못한다는 점에서, 민주주의가 제대로

작동하지 않고 있다고 봐야 하지 않을까요.

고성국: 우리가 정치 집단을 제일 못 믿는다고 하지만, 정치인들의 면면을 살펴보면 오랜 정치활동으로 다져진 부분이 분명히 있어요. 제가 리더십과 자질을 강조하는 이유도 그렇고요. 실제로 우리나라 정치인은 각계각층에서 이런저런 과정을 거치면서 정치인으로 큰 사람들입니다. 일반 서민들이 보기에 집안도 좋고 좋은 대학도 나왔을 수 있습니다. 돈이 많을 수도 있고요. 이런 걸 두고 엘리트 정치라고 싸잡아서 비판하면 거기서 자유로울 수 있는 사람이 없어요. 중요한 건 엘리트냐 아니냐가 아니라 그 사람이 정치적으로 어떤 행보를 보이느냐에 달렸어요. 못 믿겠다, 사기꾼이다, 욕해도 국민 대중이 그들에게 기대하는 바가 있는 겁니다.

지승호: 서민들이 현실정치에 실망하는 데에는 그놈이 그놈이라는 생각, 가진 자들이 자기들의 이권만 챙겨 먹으려고 정치한다는 의식이 있지 않습니까.

고성국: 그건 그들이 엘리트 정치인이라서가 아닙니다. 우리 정치가 국민적 열망을 외면했기 때문에 국민들 눈에 그렇게 비치게 된 거고요. 양면적인 부분이 있어요. 국민은 분명히 자기보다 나은 사람을 대표자로 뽑습니다. 구의원이 됐건 국회의원이 됐건 대통령이 됐건 국민으로부터 선택받았다는 자부심이 있어야 해요. 엘리트면 어떻습니까. 국민들이 밀어준 거잖아요. 당당함을 가지고 뽑아준 국민의 기대에 부응하는 게 중요합니다.

『자유론』으로 유명한 존 스튜어트 밀이 국회의원 선거에 나가면서 포스터 하나 달랑 붙였어요. "나, 존 스튜어트 밀은 국회의원에 출마해도 선거운동을 하지 않겠습니다. 국회의원에 당선되어도 지역구 민원을 해결하지 않겠습니다." 그리고 당선됐지요. 이 사람은 영국의 철학자이자 역사학자인 제임스 밀의 아들입니다. 엘리트 중의 엘리트죠. 그럼에도 영국인들은 그를 엘리트 정치인으로 기억하지 않아요. 모범적인 정치인으로 지금껏 회자됩니다. 정치인에게 중요한 것은 출신이 아니라 정치 그 자체입니다.

지승호 : 서민이나 중산층, 국민들을 위한 정치를 해야 한다는 건데요. 막상 당선이 되면 초심을 잃는 경우가 많습니다. 국민을 위한 정치를 정착시키려면 어떻게 해야 할까요?

고성국 : 국민이 감시하는 수밖에 없어요. 나를 대표하라고 뽑았는데, 자기들끼리 해먹는다, 이러면 끌어내려야죠. 공익의 대변자로서 제대로 하고 있는지 늘 감시해야 합니다. 내가 뽑았으니 내가 직접 감시할 수밖에 없는 거에요. 국민들에게 봉사하라고 뽑아서 세비도 주고 판공비도 주고 정책지원비도 주잖아요. 그럼 제대로 일하나 감시를 해야죠. 세금으로 일하는 공무원들 감시하라고 국회의원들한테 국정감사 권한을 주듯이 말입니다. 국민이 직접 해야 합니다. 국민소환제를 생각해볼 수도 있겠죠. 그건 최후의 수단이고요. 일상적인 감시도 병행해야 합니다. 편지하고, 전화하고, SNS에 올리고, 의정 활동이 마음에 안 든다든지, 이번 국회 본회의 질의를 굉장히 감명 깊게 들었다든지, 이런 식으로 계속 피드백을 주는 겁니다. 시민단체한테 맡기지 말고 유권자로서 당당하게 요구하는 거예요. 시민단체가 1년에 한 번 백서 내는 것보다 지역 유권자가 일상적으로 의정 활동에 대한 피드백을 주는 것이 훨씬 부담됩니다. 선진국은 그렇게 해요. 미국의 국회의원이 지역 주민들을 위해 대통령하고 '맞짱'을 뜨는 이유입니다.

지승호 : 마지막으로 이 책의 독자들을 위해 한마디 해주시겠습니까.

고성국 : 정치가 제일 중요하다는 점을 말씀드리고 싶습니다. 이건희는 기업은 이류고, 행정은 삼류고, 정치가 사류라고 했지만, 제가

보기에 정치는 이류고, 행정은 삼류고, 기업은 사류입니다. 우리나라 정치는 사류가 아니에요. 저는 기업보다 정치가 낫다고 생각합니다. 공적 관점, 인간 존중이라는 보편적 가치를 기준으로 볼 때 그렇다는 겁니다. 이윤을 얼마나 내느냐 하는 효율성을 놓고 보면 기업이 이류라고 폼 잡을 수 있을지 모르지만, 인간 존중이라는 측면에서 보면 정치가 훨씬 나아요. 역사 발전의 측면에서 볼 때도 인간 존중은 이윤추구보다 한 단계 위입니다. 그래서 저는 공공영역인 정치가 가장 앞에 있고 그래도 공복이라고 하는 공무원들이 그 다음으로 낫고, 사적 이익이 난무하는 기업이 가장 낮다고 보는 거예요. 하지만 이류도 부족합니다. 저는 정치를 더 개혁하고 쇄신해서 일류로 바꾸어야 한다고 생각해요. 맨 앞에 있는 정치가 일류가 되어야 관료사회도 기업도 나아질 수 있습니다. 그럼 정치를 어떻게 일류로 만들 것이냐, 결국은 국민 손에 달렸습니다. 모든 정치 개혁과 쇄신은 국민의 관심이라는 소실점을 향해요. 국민이 외면하고 손 놓으면 백약이 무효지요. 이 책이 국민들에게 정치의 중요성을 다시 한 번 알리는 계기가 되었으면 합니다.